北大版普通高等教育"十三五"规划教材
21世纪高校应用型人才培养规划教材·新闻传播系列

广播电视编辑应用教程

（第二版）

主　编　靳义增
副主编　孙笑非　胡　泊
参　编　周耀民　李明全　张荣恺

内 容 简 介

本书是适用于高等教育新闻学、广播电视学、播音与主持艺术、广播电视编导等专业的一本教材。本书注重实践技能的培养，按照广播编辑、电视编辑的创作流程，从仪器设备、操作步骤、效果实现等方面详细介绍广播电视编辑的操作要领，具有很强的可操作性。本书在编写体例上，以实践技能为中心，以理论解析为辅助，力争使学生在掌握基本理论知识的基础上，强化实践能力的提高。

本书既可作为应用型本科院校新闻传播学类各专业实训教材，也可作为高职高专院校相关专业教材，还可作为各类媒体及新闻爱好者的辅助读物。

图书在版编目（CIP）数据

广播电视编辑应用教程/靳义增主编. —2版. —北京：北京大学出版社，2020.7
21世纪高校应用型人才培养规划教材. 新闻传播系列
ISBN 978-7-301-30200-2

Ⅰ. ①广⋯ Ⅱ. ①靳⋯ Ⅲ. ①广播工作－编辑工作－高等学校－教材 ②电视工作－编辑工作－高等学校－教材 Ⅳ. ①G222

中国版本图书馆CIP数据核字（2019）第001177号

书　　　名	广播电视编辑应用教程（第二版） GUANGBO DIANSHI BIANJI YINGYONG JIAOCHENG（DI-ER BAN）
著作责任者	靳义增　主编
责任编辑	桂　春
标准书号	ISBN 978-7-301-30200-2
出版发行	北京大学出版社
地　　　址	北京市海淀区成府路205号　100871
网　　　址	http://www.pup.cn　新浪微博：@北京大学出版社
电子信箱	zyjy@pup.cn
电　　　话	邮购部 010-62752015　发行部 010-62750672　编辑部 010-62756923
印　刷　者	河北滦县鑫华书刊印刷厂
经　销　者	新华书店
	720毫米×1020毫米　16开本　13印张　303千字 2010年8月第1版 2020年7月第2版　2022年8月第2次印刷（总第6次印刷）
定　　　价	38.00元

未经许可，不得以任何方式复制或抄袭本书之部分或全部内容。
版权所有，侵权必究
举报电话：010-62752024　电子信箱：fd@pup.pku.edu.cn
图书如有印装质量问题，请与出版部联系，电话：010-62756370

第二版前言

时间如白驹过隙,转瞬即逝。转眼间,21世纪已经过去了整整二十年。最近十年,各行各业都发生了翻天覆地的变化,而媒体也在高科技的驱动下,发生了或者正在发生着深刻的变革。十年前,电视仍可以傲视群雄,诺基亚也还没有感受到生存的威胁,而在那个年代,手机可以上网冲浪似乎是一个大家都觉得无比新鲜的事情,手机仅仅是一部通话工具,游戏只有"贪吃蛇"。而在十年后的今天,iPhone 11 业已问世,各种手机应用几乎覆盖人们生活的各方面,家里电视的开机率低得吓人。人们的信息获取、娱乐体验、交友互动、购物消费……一部手机统统搞定。手机,已经成为一个行走的媒体。随着通信工具的更新升级,媒介格局也悄然发生着变化,制作生产视频的手段和方式自然也发生着变革。从横屏到竖屏;从 Premiere、大洋、Final Cut 等传统的非线性编辑系统,到手机内嵌的 Videoshop 等视频剪辑 APP;从仪式感十足的肩扛式摄像机到用手机就可以拍出 4K 画质……在这十年间,影像的创作从前期拍摄、后期剪辑等手段到视听语言规律,都发生着深刻的变革。

不管行业如何变革,人们对影像的追逐是永恒的,因此,视音频的制作和生产依然是众多的媒体从业者和视音频创作爱好者所热衷的,这也就构成了《广播电视编辑应用教程》这本书再版的动因。正如前所述,当摄像机越变越小,当手机容量越来越大及其视频拍摄功能日臻完善、当一部网络自制剧都在追逐 4K 画质时,作为为实践技能培养提供理论支持的《广播电视编辑应用教程》也必须与时俱进,及时更新。

《广播电视编辑应用教程》(第二版)更新了大洋 D^3-Edit HD 非线性编辑系统的操作流程,增加了 P2 卡素材采集这一类较为时新的素材采集方式,以适应由于视音频制作技术的发展所带来的技术革新。同时,由于部分后期编辑软件的更新升级及功能优化,再版时对相应内容进行了重新编写,如 Adobe Audition(CS6)音频编辑软件。另外,再版时,对部分视音频作品的文案也进行了更为详尽的补充,力求使读者通过对文案的阅读,对所描述场景的还原更加全面,更加影像化。

本书编写分工如下:南阳师范学院新闻与传播学院周耀民老师撰写第一章,南阳师范学院新闻与传播学院李明全老师撰写第二章,南阳师范学院新闻与传播学院靳义增老师撰写第三章,天津工业大学人文学院传媒艺术系张荣恺老师撰写第四章,河南大学新闻与传播学院孙笑非老师撰写第五章、第六章,南阳师范学院新闻与传播学院胡泊老师撰写第七章。

  本书的再版,承载着众多读者的厚爱与支持,由于编者能力、水平所限,遗漏乃至错误之处在所难免,殷切期望读者给予批评指正。

编 者
2020 年 4 月

目　　录

第一章　广播节目制作基本设备与功能 …………………………………… 1
　第一节　声音录放的基本原理 ………………………………………… 2
　　一、声音的物理属性 …………………………………………………… 2
　　二、声音的机械记录与回放 …………………………………………… 4
　　三、磁记录与光学记录 ………………………………………………… 4
　　四、数字记录与回放 …………………………………………………… 5
　　五、音频文件的格式 …………………………………………………… 6
　　六、音频文件格式转换的基本操作 …………………………………… 7
　第二节　录放音设备及其功能 ………………………………………… 9
　　一、留声机系列 ………………………………………………………… 9
　　二、磁带录音机 ………………………………………………………… 9
　　三、磁带录音机使用举例 ……………………………………………… 11
　　四、数字技术的兴起 …………………………………………………… 13
　　五、立体声录音技术 …………………………………………………… 15
　第三节　声音存储设备及其功能 ……………………………………… 17
　　一、磁带 ………………………………………………………………… 17
　　二、光盘 ………………………………………………………………… 18
　　三、硬盘 ………………………………………………………………… 19
　第四节　声音编辑与合成设备 ………………………………………… 21
　　一、线性编辑设备 ……………………………………………………… 21
　　二、非线性编辑设备 …………………………………………………… 22
　第五节　调音和其他辅助设备 ………………………………………… 23
　　一、模拟调音台 ………………………………………………………… 23
　　二、数字调音台 ………………………………………………………… 26
　　三、功放机 ……………………………………………………………… 28
　　四、话筒 ………………………………………………………………… 29
　　五、音箱 ………………………………………………………………… 30
　第六节　数字音频工作站 ……………………………………………… 31
　　一、数字音频工作站的基本功能 ……………………………………… 31
　　二、数字音频工作站的基本分类 ……………………………………… 31

第二章　广播节目声音编辑与合成操作流程　34

第一节　声音的种类及属性　35
一、有源声音与无源声音　35
二、语言、音响与音乐　36

第二节　室内录音与室外录音　37
一、室内录音与室外录音的不同特点　37
二、室内录音与室外录音的条件与设备　38
三、室内录音与室外录音的不同操作与注意事项　39

第三节　录播节目与直播节目　40
一、录播节目与直播节目现状　40
二、录播节目与直播节目的主要类别　41
三、录播节目与直播节目的基本流程　41

第四节　声音蒙太奇基本原理　43
一、声音蒙太奇的基本含义与要求　43
二、各种声音的编辑要求　44

第五节　声音编辑与合成　45
一、数字化编辑概述　45
二、Adobe Audition（CS6）编辑软件功能介绍　46

第六节　特技　53
一、降噪　54
二、变音、变调　56
三、淡出、淡入　57
四、均衡　58
五、混响　59

第三章　电视非线性编辑　61

第一节　素材采集　62
一、素材来源　62
二、非线性编辑系统中视音频素材采集的方法　62

第二节　视音频编辑　77
一、编辑工作窗介绍　78
二、编辑操作方法　89
三、特技处理　93
四、字幕制作　100

第三节　视音频文件输出　104
一、"素材/故事板输出到文件"功能　105
二、"故事板输出到素材"功能　106

三、"故事板输出到磁带"功能 ·················· 107
四、"故事板输出到P2"功能 ·················· 108

第四章　电视新闻节目编辑 110
第一节　电视新闻节目的含义与分类 112
一、电视新闻节目的含义 ·················· 112
二、电视新闻节目的分类 ·················· 113
第二节　电视新闻节目的编辑 116
一、电视新闻节目制作的组织结构 ·················· 116
二、电视新闻节目的编辑流程 ·················· 119

第五章　电视纪录片创作 126
第一节　电视纪录片创作的前期准备阶段 128
一、获取选题 ·················· 128
二、组织创作团队 ·················· 133
三、策划文案写作 ·················· 135
四、物质准备 ·················· 141
第二节　电视纪录片制作的中期拍摄阶段 144
一、画面拍摄 ·················· 144
二、声音录制 ·················· 147
三、采访 ·················· 150
四、导演现场调度 ·················· 150
第三节　电视纪录片制作的后期加工阶段 152
一、素材粗剪 ·················· 152
二、电视纪录片精剪 ·················· 152
三、解说词创作 ·················· 152
四、配音 ·················· 155
五、音乐编配 ·················· 155
六、后期合成 ·················· 157

第六章　电视专题片编辑 159
第一节　电视专题片的定义和分类 160
一、电视专题片的定义 ·················· 160
二、电视专题片和电视纪录片的关系 ·················· 160
三、电视专题片的类型 ·················· 161
四、电视专题片的美学特征 ·················· 162
第二节　电视专题片创作流程 163
一、前期准备阶段 ·················· 163
二、中期拍摄阶段 ·················· 164

三、后期制作阶段 ·· 167
第七章　电视综艺娱乐节目创作 ····································· 174
　第一节　电视综艺娱乐节目的界定与分类 ························ 177
　　一、电视综艺娱乐节目的界定 ··································· 177
　　二、电视综艺娱乐节目的分类 ··································· 177
　第二节　电视综艺晚会的创作流程 ································ 181
　　一、前期策划阶段 ·· 181
　　二、节目录制阶段 ·· 186
　　三、后期编辑合成阶段 ··· 187
　第三节　电视综艺娱乐栏目的创作流程 ···························· 188
　　一、栏目策划与前期准备 ··· 189
　　二、栏目录制阶段 ·· 192
　　三、后期制作阶段 ·· 192
　　四、反馈与改版 ··· 193

参考文献 ·· 197

第一章
广播节目制作基本设备与功能

 本章导读

本章主要介绍常用声音记录设备和编辑设备的基本原理及操作,学习基本原理的目的在于正确操作设备。虽然本章涉及的设备比较多,但在实际工作中常用的声音记录设备并不多,只有数字录音机和磁带录音机;而声音编辑设备基本上已经实现了数字化,学习的时候要抓住这些重要内容。另外要注意,广播是以语言类节目为主的传播方式,其录制过程并不复杂,实际工作以熟练、正确地操作设备为基础,循序渐进。在学习方法上,仅仅记住设备操作方法是不够的,还应该多实践语言概括不了的经验,在实际应用中起着举足轻重的作用。

声音是转瞬即逝的。对于转瞬即逝的东西，人们就特别想把它留住。曾经有许多传说，讲述听到远古声音的故事，但直到1877年爱迪生发明锡箔圆筒留声机后，人类才实现了记录声音的愿望，思想与技术的突破开始了一个新时代。19世纪末以来，声音记录的范围越来越广，精确度越来越高，录音的设备不断更新换代，从留声机到磁带录音机，再到数字磁带录音机等，当前使用最广泛的是全数字化的录音设备，而且相关的配套设备也获得了极大的发展。留声机这种高雅的"贵族"设备也发展成了普通大众可以消费得起的小巧的录音笔，甚至只是手机中的一个应用。

声音的传播更是发生了翻天覆地的变化，留声机时代那种艰难的录制和播放过程一去不复返。借助现代化的制作和传输手段，广播电台可以把一个声音在瞬间传遍整个世界。人们可以随时记录无穷无尽的新鲜音频资料，制作出丰富多彩的广播节目。

第一节 声音录放的基本原理

从物理属性来说，物体的振动都可能产生声音。因为人体结构的特性，人听到的声音一般是通过空气进行传播的，是某物体的振动引起的空气振动，形成声波。声波传到人耳朵里的感应器官，感应器官接收这个振动信息后再传给大脑，人就听到了声音。声音可以理解为空气的振动以及人的听觉器官对其感应、理解的过程。空气的振动是转瞬即逝的，人们想办法记录下来一个声音的空气振动，并把记录的振动信号予以还原，这就是声音录放的基本原理。

一、声音的物理属性

有很多专业的概念可以从物理学的角度深入描绘声波，按照广播节目录制的需要，这里仅介绍以下几个概念。

（一）波峰、波谷、波长

物体振动对周围的空气产生推压的力量，因为空气是很不稳定的，在受到推压时就会把这种力量传播开去，形成声波。声波是看不见的，它通过空气粒子的疏密变化表现出来。声波在空气中的传播很像水的波纹，从受力点向四周扩散，并且像水的波纹一样可以衰减、绕过障碍物。描绘水波的一些概念也适用于声波，如波峰、波谷、波长等（见图1-1）。

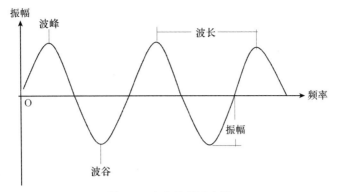

图 1-1　声音传播示意图

如图 1-1 所示，以最简单的声波为例，空气粒子密集的位置，就叫波峰，稀疏的位置就叫波谷。而波峰与波峰之间的距离，或者波谷与波谷之间的距离，也可以理解为任何相邻的两个同相点之间的距离，就是波长。波长（λ）等于声波的传播速度（v）与频率（f）的比值，即 $\lambda = v/f$。声波在空气中的传播速度变化不大，决定波长大小的因素主要是频率。

（二）振幅、响度（音量、音强）

振幅是声波振动的幅度，如果用正弦波形图表示声音传播状态，振幅就是波形从最高点到中心线的距离（见图 1-1）。振幅的大小与声源的能量有关，振幅决定声音的大小，也即响度或强度。放音器材的输出功率大小对应的就是声音的响度大小。声音的响度与高低是不同的概念，响度是听起来的响亮程度，高低是浑厚或尖锐的程度。一般来说，女声比男声的音高高，但男声可能比女声的响度大。

针对声音响亮程度的描述，还有其他一些概念，非专业的一般性场合，多用音量这一概念；在一些强调声音物理属性的场合，使用音强这一概念。所有这些概念，在描述声音的响亮程度方面，意思是一致的。

（三）频率

声波在传播的过程中，从一个最低音到最高音然后回到最低音的过程叫周期。频率就是在一秒钟时间内通过的声波周期数。频率的单位是赫兹（Hz），现代仪器可以测量范围非常广泛的声波频率，但人耳能够分辨的声波频率有限。人耳只能听到 20～20 000 Hz 频率范围的声波。对于低于 20 Hz 的次声波和高于 20 000 Hz 的超声波，人都感觉不到。但自然界的一些动物，如蝙蝠，可以感觉到超声波。超声波在医疗科学等方面具有广泛的应用。在听觉上，频率决定声音音调的高低，同时与声音的响度也有一定关系。

（四）音质

音质是声音的个性特征，反映的是人耳的听觉感受，在音响技术中它包含音量、音高等。当两个声音在音高、音量等主要参量相同，内容也相同的情况下，人耳仍能区分出两个声音的不同，这种听觉感受的"不同"，就是声音的个性特征，就是音质。音质的优劣影响广播电视节目的质量。

（五）回响

回响就是常说的回声、共鸣。声音遇到其他物体会反弹回来，反弹回来的声音就是回响。声音没有一点回响，听起来会干巴，缺乏余味。回响时间太长，共鸣很明显，声音反而不清晰。录音实践中，几毫秒（一秒的 $1‰$）的回响，就能够被明显地感觉到。现实生活中，不同环境的声源回响不同。比较而言，一般房间里的回响时间短，山洞、走廊里的回响时间比较长。根据声音的这个特征，人们利用特殊的仪器或软件，可以给某个声音添加回响，模拟某种环境效果。

二、声音的机械记录与回放

19 世纪末到 20 世纪初，在早期的留声机中，人们利用声音引起空气振动的现象，把一个细钢针头与质地较软的锡箔接触，对着锡箔发出声音的时候，锡箔因为空气的振动而发生轻微的振动，细钢针头在锡箔上会刻下痕迹。锡箔连续移动的时候，就可以把空气的振动变换成深浅不同的刻纹留下来。让细钢针头按照刻录时的速度，匀速地划过录下来的刻纹，原声音就回放出来了。机械记录的方法早已不再使用，但它确立了录音的基本原理，即把空气振动转瞬即逝的现象，通过细钢针头在锡箔上刻纹转换成特定信号记录在固定的介质上；记录的过程要连续，速度要均匀，然后，依据刻纹回放声音。

三、磁记录与光学记录

（一）磁记录

采用机械记录的方式记录声音，声音失真度较大，且不容易操作，无法进行大规模生产，且代价高，不利于推广。20 世纪 30 年代，人们发明了磁记录方法。磁记录方法与机械记录方法相比较，有两点改进：一是把机械记录所用的细钢针改为金属丝。二是把机械记录所用的锡箔介质改为磁化介质。磁记录是把金属丝置于一个小的磁场中，金属丝不同幅度的振动，会产生不同强度的电流，把这个电流与连续移动的磁化介质相连，就把空气的振动记录成了连续的磁力的变化。回放的时候，让磁化介质连续地通过磁场，变化的磁力再引起电流的连续变化，与扬声器相连，就回放出了原来记录的声音。磁记录方法记录的信号稳定，声音失真度小，便于大规模地工业复制。磁记录方法经过不断改进，成为20世纪最通用的声音记录方法。

(二) 光学记录

为了创作出有声电影，实现声画同步，科学家们不断努力，终于实现了把声音记录在电影胶片上。光学记录的基本原理是：先把声音的空气动能转化为电能，电能经过放大之后转化为强弱不同的光；电影胶片匀速通过强弱不同的光，就像记录图像一样使胶片不同程度曝光；还原声音的时候，光源通过胶片射出强弱不同的光，照射在特制的光电管上，光电管输出的电流随着光的强弱变化而变化，最终还原为声音。需要说明的是：20世纪七八十年代的光学记录实际上不属于典型的光学记录，而是"半光学记录"。由于直接在胶片上借助光学手段记录声音操作复杂、技术难度大、耗费大，在磁记录方法成熟以后，人们先把声音用磁记录（或数字记录）录成磁带，而不是直接采用光学记录手段记录声音，到复制制作影片的最后阶段再把磁记录的声音采用光学记录的手段记录在胶片上。这种磁记录与光学记录相结合的声音记录方法成本低、技术简单、耗费小。

四、数字记录与回放

磁记录方法在实践中也暴露出了一些缺点：信号随时间衰减明显，从而对存放条件要求很高，一般条件下存放的磁带几年以后几乎不可使用；复制引起磁带信号衰减，经过多次复制以后，信号质量明显下降；专业录音和制作设备昂贵，技术要求高。

数字技术兴起以后，人们把数字技术应用到声音的记录上来。磁记录的方式是把空气的连续振动转化为磁或电的连续变化，其思路是模拟，统称为模拟信号。数字记录是把连续的模拟信号再通过模数转换器或编码器（ADC）转换成一个个独立的数字进行记录。回放的时候，通过数模转换器或解码器（DAC），再把数字信号转换成模拟信号输出。数字记录用新的存储介质取代了磁带，使得保存时间大大延长，专业录音要求的复杂技术、设备由软件代替，而且录音的质量也有较大提高。介质上记录的是数字，一个数字流经过多少次复制都不会变化，这就解决了磁记录一旦复制信号就衰减的问题。数字记录是当前最先进的方式并且具有全面取代模拟设备的趋势。

把模拟信号转换成数字信号,其中有两个关键的参数:采样频率与比特率。模拟信号是连续的,而数字信号表现出来的是一个个独立的数字,用独立的数字实现连续的信号,必须有足够多的采样点。一秒钟内采样点的多少,叫采样频率。依据奈奎斯特采样定理,采样频率应该高于模拟声音信号频率的两倍。人可听闻的最高频率是 20 kHz,因此,数字采样频率就要高于 40 kHz。现在人们把 44.1 kHz 作为数字音频采样的标准频率。普通人,感觉不到较 44.1 kHz 更高的采样频率带来的音质区别。比特率又称"二进制位速率",俗称码率。取样的量化值用数字二进制来编码,二进制的一位数字为 1 bit。现在常用的 16 bit 的码率,就是每个采样的精细化达到 65 536 级(2 的 16 次方),声音的录放基本没有失真感觉。一些高标准的设备可以达到 20 bit、24 bit,但实践中很难感觉到声音质量的提高。

五、音频文件的格式

把模拟信号转换成数字信号要进行数字编码,很多公司或独立或联合制订了很多编码的方法,这就是音频文件的格式。目前存在上千种音频文件格式,下面介绍几种主要的音频文件格式。

(1) CD 格式。该格式可以说是当前世界上最好的音频文件格式之一,大多数播放软件都可以兼容。CD 格式采用 44.1×10^3 Hz 的采样频率,16 位量化位数,可以说是近似无损的,基本上忠于原声。

(2) WAV 格式。该格式具有几乎无损的高保真度,由微软公司开发,被 Windows 操作系统及其应用程序所支持。标准格式的 WAV 和 CD 格式一样,也是 44.1×10^3 Hz 的采样频率,16 位量化位数,目前几乎所有的音频编辑软件都兼容 WAV 格式。

(3) MP3 格式。MP3 格式对音频数据进行了有损压缩,牺牲了部分高音频声音质量,其音质不如 CD 格式和 WAV 格式,但数据量却只有前者的十分之一。作为流行格式,MP3 格式音质尚好,已经风靡多年。

(4) MIDI 格式。MIDI 是一种电子乐器的数字接口。作为文件格式,MIDI 文件只记录电子音乐依据该技术的编码信息,不记录声音本身,所以 MIDI 文件数据量很小,普通家用电脑完全可以存储大量 MIDI 文件。其声音质量完全由声卡来决定。同样的 MIDI 文件在安装不同声卡的电脑上播放出的声音效果往往大相径庭。

(5) WMA 格式。该格式由微软公司开发,广泛适用于 Windows 操作系统。WMA 格式以保持音质、减少数据的方法压缩文件,其音质强于 MP3 格式,与 CD 格式相差无几。WMA 格式支持音频流技术,文件适合在网络上播放。借助微软公司的强大技术力量,WMA 格式和 WAV 格式不断增加新的功能,当前已经成为专业录音设备的常用录音格式。

(6) AVI 格式。该格式是一种视、音频信息交织同步的格式,数据量较小,其中的音频文件可以单独进行处理,常用于多媒体文件的传输、存储,目前非常流行。

音频文件的格式很多,以上仅介绍了重要的几种。虽然每种格式的文件都是数字文件,但某种特定的录音、放音或制作设备本身只能兼容有限的几种,不可能都兼容。音频文件录制的实践中,专业的录音设备、编辑设备也只能兼容很少一部分文件格式,一些简易录音机甚至只能适用一两种格式,最好的办法是在搜集音频资料的时候,就考虑到与后期处理设备的兼容问题,避免因格式冲突而延误工作进程。如果做不到格式的统一,就要花费一定工夫用格式转换软件进行格式转换,以适应播放设备或制作设备的要求。

六、音频文件格式转换的基本操作

下面以音频文件格式转换软件《全能音频转换通(v1.2)》为例演示音频文件格式转换的基本操作。

《全能音频转换通(v1.2)》是一个容易操作的音频文件格式转换软件,支持 MP3、MP2、OGG、APE、WAV、WMV、AVI、RMVB、ASF、MPEG、DAT 等格式音频文件的相互转换,典型的应用如 WAV 转 MP3,MP3 转 WMA,WAV 转 WMA,AVI 转 MP3 等,并且可以进行批量转换(也就是多个文件的同时转换)。

软件主界面有"添加文件""批量转换""合并转换""截取转换"等按钮,可以实现相应的功能(见图 1-2、图 1-3)。

图 1-2　全能音频文件转换通(V1.2)主界面

图 1-3　添加文件窗口

（一）添加文件

进行文件转换首先要把准备转换的文件添加到主界面。单击"添加文件"按钮，寻找硬盘上存储的声音文件并打开。凡是软件支持的文件，一次可以打开一个或多个，都放在主界面的显示栏中。

（二）批量转换

（1）参数设置。单击"批量转换"按钮，弹出"批量转换"对话框，设置转换后文件的存储位置与名称、文件的输出格式等。还需要对一些其他选项进行设置，如选择文件输出的质量和遇到重名文件的处理方式（不选择则以默认为准）。

（2）转换。对参数设置检查无误后单击"开始转换"按钮开始转换，等待转换完毕，关闭对话框即返回主界面。批量转换文件的过程较长，所需时间长短与设定的输出文件的质量有关。转换过程按文件顺序进行，如中途取消进程，已经转换的文件会自动保存。

（三）合并转换

合并转换与批量转换的主要操作基本相同。注意：合并转换时转换后的文件与原文件存储在一起。在合并转换的对话框里，可以对添加在显示栏里的文件顺序进行调整，开始转换的操作按钮是"保存并进行转换"。

（四）截取转换

截取转换是《全能音频转换通（v1.2）》的特色。截取转换的意思是可以只把原文件的一部分转换成一个新格式的新文件。截取转换的步骤如下。

（1）添加文件。添加文件以后，单击"截取转换"按钮弹出"截取转换"对话框，选择要进行部分转换的文件。注意：只能选取一个文件。

（2）截取。在"截取转换"对话框中有对文件进行播放的按钮。利用这些按钮进行适当的操作，可以找到要转换的这部分文件的起止时间点。把需要的时间点输入对应的参数栏里。

（3）设定输出文件格式、质量等参数。不设定质量参数则以默认为准。

（4）转换。确定设定的参数无误后，单击"保存并进行转换"按钮，开始转换。转换后的文件存储在原文件的位置。

第二节 录放音设备及其功能

从爱迪生发明留声机以来，录放音设备经过两次大规模的更新换代：各种磁带录音机的兴起取代了留声机，数字录音机的兴起又正在全面取代磁带录音机。声音录制的精度越来越高，处理能力越来越强，操作技术越来越自动化，家用普及设备的成本逐步降低。原来属于专业领域的声音记录和制作技术，已变成人们的业余爱好。

一、留声机系列

留声机虽然基本上退出了历史舞台，但它确立了录音的基本原理和设计规范，这些原理和规范一直贯穿在录音设备发展的全部过程中。

1877年8月15日，爱迪生制造出了一台由大圆筒、曲柄、两根金属小管和模板组成的机器，这台机器被称为留声机，后来又被称为锡箔圆筒留声机，区别于圆盘唱片留声机。最初的留声机是手摇转动旋转的，后来爱迪生又设计了发条驱动和电动的留声机。留声机发明以后不断得到改进，几年后人们改用涂有硬蜡的金属盘来代替锡箔筒，留声机的成本降低了，也更加耐用。人们在电影上看到的20世纪早期画面，往往就有这样的留声机出现。当时人们习惯把留声机称为唱机，电动留声机称为电唱机。磁带录音机出现以后，留声机慢慢被淘汰，当前偶尔为播放资料还可能会用到。

二、磁带录音机

1898年，一位丹麦工程师普尔森运用磁性变化的原理，制造出钢丝"录音机"，此后还出现钢带录音机等。钢丝录音机虽然一直没有获得大的发展，但其对磁与声的联系启发了很多人。

1935年，德国科学家福劳耶玛在纸带上涂上铁粉代替钢丝制造录音机获得成功，这是现代录音机的开端。后来人们又用更结实的胶带、塑料带代替纸带，用氧化铁粉代替铁粉，逐步改良录音机。随着时代的发展，磁带录音机技术越来越复杂，出现了很多不同技术标准和用途的录音机。这里依据一般广播节目录制的需要，主要介绍以下几种。

（一）开盘机与盒式机

按照磁带的安装位置、方式，录音机可以分为开盘机和盒式机。开盘机是早期录音机和现代专业使用的录音机，磁带缠绕成电影胶片一样的圆盘，暴露在机器的外面，安装比较复杂，如图1-4所示。开盘机多为台式和落地式，体积大、磁头多、功能多、录音质量好，适用于专业录音。

图 1-4 开盘机

录音技术成熟以后，为适应普及的需要，人们不断研究功能简单、使用方便的轻便机型。1964年飞利浦公司成功制造出盒式机，就是现在常见的卡座录音机。与开盘机相比，盒式机功能简单，且技术成熟。磁带卷在特定的盒子里，可以正反两面使用，与录音机配合设计，使用和携带非常方便。

（二）单轨机与多轨机

以一台录音机同时可以记录的独立声音个数为标准，可以把录音机划分为单轨机与多轨机。单轨机一次只能记录一个独立的声音，多轨录音机则一次可以同时记录两个及两个以上的独立声音，多的可达20多个。多轨机结构复杂，部件多，功能多。

家用的便携录音机一般是单轨的，功能比较简单。专业使用的录音机可能需要同时记录多个声音，常常要使用多轨机。如对音乐录音，要同时独立记录多个乐器的声音，再进行处理，使用单轨机很难完成这项任务。

（三）家用录音机与专业录音机

依据不同用途，录音机可分为家用录音机与专业录音机。家用录音机价格低、携带方便、操作简便、功能简单、对音质要求不高。一般的卡座录音机都属于家用录音机的系列，最典型的是"随身听"。专业录音机则不考虑其便携性，注重的是音质与功能。高品质的卡座机与各种台式机都属于专业录音机的范围。

家用录音机与专业录音机的划分没有技术与功能上的统一标准，并且这种划分也具有历史的变化。早期称得上专业音质的录音机，其录音效果可能还远不如当前的家用录音机。实际上，这种划分的意义可能更多地表现在有关录音机的生产与销售方面。

（四）磁带与 CD 兼容机

数字化记录音频信号的技术发展以后，出现了磁带录音与 CD 录音同时适用的局面。为了使用的方便，不少厂家设计生产了同时兼容磁带与 CD 的收录音设备。其一般功能是收音之外既可以播放磁带，也可以播放 CD，CD 和磁带之间也可以相互输出记录。图 1-5 所示是一款磁带与 CD 兼容机。

图 1-5　磁带与 CD 兼容机

三、磁带录音机使用举例

（一）家用磁带录音机

家用磁带录音机以便携为主要特征，功能简单、价格便宜。一般便携的单卡录放音机、双卡录放音机都属于家用磁带录音机。家用磁带录音机使用通用的盒式磁带，一般具有录音、放音、快速倒带、快速进带、停止、暂停等功能。家用磁带录音机结合电子技术后，改换了机械操作的录音机功能键，全部采用电子式操作，而且设置了单曲搜索、LCD 屏显示时间、电平、电量、收音波段等功能。除了部分"随身听"以外，家用录音机都安装有扬声器，同时有耳机接口，可以自由选择。一般来说，扬声器的音质不如戴立体声耳机的效果好。"随身听"的音频输入主要是内连收音机和外接麦克风，一般不自带输入麦克。

专业录制广播节目不用"随身听"一类的设备，但在播放磁带向其他设备输出音频信号时，偶尔也可以勉强使用。

便携的双卡录放音机也属于家用机系列。所谓双卡，是指两个独立的带仓，一个放音，一个录放音。两个带仓一般左右排列，放音仓在左，录放音仓在右，可以复制磁带。双卡录放音机曾经在 20 世纪 80 年代、数字技术流行以前备受年轻人推崇，风行一时。双卡录放音机比单卡录放音机多一个基本的功能即复制功能，它可在放音仓放音的同时对放音仓进行录音。

如日本 JVC 公司生产的 TD-W354BK 双卡录放音机（见图 1-6）。该机放音仓和录放音仓在左右两端（以下分别称左带仓、右带仓），中间为主控部分。左带仓放音的操作方法是：接通 220V 电源之后，按出仓键打开带仓，把磁带盒可见磁带的一端朝下装入，轻推仓门关上。按播放键播放，按停止键停止。该机在播放磁带的另一面信号时，不用打开仓门操作，按方向键即可反方向播放。快速向前搜索键和快速倒带键可以实现相应的功能。右带仓的放音操作与左带仓基本相同。右带仓有录音功能，可以对放音磁带进行复制，也可以记录外接设备的信号。磁带复制的操作方法是：右带仓装好空白磁带，同时按下放音键和录音键，即可以对原磁带进行复制。该机的特别之处还在于，可以快速复制原磁带。在录音机的前面板上，有一个快速复制键，在左右带仓装好磁带的情况下，按此键即可进行快速复制。

图 1-6　TD-W354BK 双卡录放音机

该机支持话筒（MIC）输入，可以把磁带声音和话筒输入的声音混合记录。如录制配乐朗诵时，在播放音乐磁带的同时，利用话筒输入朗诵人声，即可以把两种声音混合记录在磁带上。磁带复制和话筒输入，都可以控制录音电平。复制音量控制键在前面板的中央，话筒输入音量控制装置在话筒插口的旁边。通过试放、试听，可以确定适当的电平。一般以设定在高音时显示屏的电平显示线稍稍超过中间虚拟电平为好。过低则噪声大，过高则会出现失声（削波）。

借助电子技术，该机实现了曲目搜索功能。在磁带上记录的声音分为若干段落，段落之间无信号记录的空白超过 5 s 的时候，可以在放音同时按快速搜索键搜索。在到达一个独立的段落时，显示屏会显示该段落的顺序数码，以此可以确定是否是指定的音段。

另外，该机具有把两个带仓的磁带连续播放的功能，显示屏显示当前操作的功能，通过后面板的插孔与其他设备相连的功能及遥控功能，还能实现一定的专业降噪等功能。

该机在录音机流行时期，除了可以满足家用之外，在要求不高的广播节目录制中，也可以进行资料录音。如果使用高音质磁带、高质量MIC且在其他操作得当的情况下，录音质量也是比较好的。

数字技术兴起后，出现了不少数字技术和模拟技术相结合的录放音装置，包括收音、磁带放音、磁带录音、CD放音、磁带向CD输出等功能，操作比较复杂。

（二）专业磁带录音机

专业磁带录音机与非专业磁带录音机的划分，主要依据的是功能的多少或声音质量的高低，并没有严格的统一标准。功能方面，室内专业磁带录音机要能同时记录多个声道的独立声音，声音质量高，能够随机进行音质调整和简单的编辑，能与其他相关设备进行输出输入和编辑控制的多端口连接等。采访用的专业磁带录音机则要求便携性，其灵敏度和录音质量高，能够满足专业节目制作的需要。专业磁带录音机功能复杂，使用技术要求高，价格也较高，一般只有专业的音频节目制作单位和音乐发烧友才使用。

开盘机曾经是广播专业设备的主力机型。开盘机主要是指1/4英寸（1英寸＝2.54厘米）宽磁带两轨模拟录音机，体积大，结构复杂，操作技术要求高。开盘机功能多，录音质量高，信号稳定。

四、数字技术的兴起

20世纪90年代中期以后，计算机技术和设备逐步普及，数字音频技术也迅速成熟，从最初借助录像机进行数字录音，到数字磁带录音机，到硬盘式数字录音机，数字音频录制设备在几年内就迅速替代了模拟设备（即电磁记录设备，相对于后起的数字设备而言，称为模拟设备）。同时，各种录音、编辑、效果软件的功能越来越强大，与硬件设备配合使用，给音频录制领域带来了彻底的数字化革命。在当前，无论专业领域或家庭欣赏，声音的记录与编辑都实现了数字化，只有在播放磁带资料的时候，才偶尔用到模拟设备。

（一）数字设备基本特征

（1）录音的数字化。当前录音使用的数字录音机，小的如便携式录音笔，十分小巧，几乎可以完全攥在手里；大的如台式硬盘录音机，功能齐全，可以实现记录、编辑、合成、输出等需求。

（2）资料存储的数字化。数字音频资料可以存储在 U 盘、光盘、硬盘里面，存储量以千兆字节（GB）为单位计量，可以达到数千兆字节、数十千兆字节以至数百千兆字节，对应的声音时间长度可以达到上千小时。而且这些音频资料可以条理化编排，无限制复制存取，即使存储几十年，音质也不会自然衰减。

（3）调音与附属设备的数字化。数字化的调音台比模拟调音台操作简单，而功能却更强大。在数字技术兴起之后，需要特定的模拟设备经过复杂的专业操作才能实现的效果，如均衡、减噪、频率限制等，都可以借助编辑软件实现，并且效果更好。

（4）编辑合成的数字化。模拟设备的声音编辑与合成的操作十分复杂，要求专业水平高，但效率却不高。而利用数字合成方式，无论是采用独立的数字音频工作站，还是使用安装了专业数字声卡和专业编辑软件的台式电脑，都可以有条不紊地从容操作，随时掌控编辑合成的效果，在精确掌控的同时效率也得到了很大的提高。

（二）数字录音机

数字录音机是指采用数字格式文件进行声音记录的装置，主要有 CD（Compact Disc）录音机、MD（Mini Disc）录音机、DAT（Digital Audio Tape）录音机、芯片录音机等。

（1）CD 录音机，也叫激光录音机，是指可以把声音信号转化成数字 CD 格式信号，记录在 CD 光盘上的录音装置。其声音质量高，又因为 CD 光盘价格的不断下降和可写（R）与可读写（RW）格式光盘的出现，使 CD 录音机的应用相当广泛。但在声音的编辑方面，CD 录音机还有许多不便，因此在专业领域的应用受到限制。与 CD 录音机类似的是 MD 录音机，即微型 CD 录音机，它只有 CD 光盘一半大小，采用新型压缩技术，可以随身携带且容量不减，其音质比 CD 录音机稍差但高于 MP3。

（2）DAT 录音机，即数字磁带录音机。DAT 录音机有数字接口，也有模拟接口，适用范围广。DAT 录音机的录音质量高，和专业级别的 CD 录音机很接近。DAT 录音机的种类很多，有广播级、专业级、家用级，品种丰富。DAT 录音机属于利用磁带记录数字信号的设备，最终还带有磁带的不易保存、磁粉脱落、偶然失真等缺陷，难以保持音频文件录制的稳定性。

（3）芯片录音机，也叫固态录音机。体积小的芯片录音机俗称录音笔，可以把声音信号编码后直接记录在记忆卡上。芯片录音机结构简单，录音质量高，操作简便，可以直接与计算机交换录音数据，后期处理十分方便。其使用范围从家用到专业应用领域，发展很快，可能会取代其他录音机而一统天下。

芯片录音机的高级、专业化机型是硬盘录音机。硬盘录音机属于专业的非便携式机型，录音质量更高、功能更强大。附加编辑等功能之后，硬盘录音机就成了专业的数字音频工作站。

五、立体声录音技术

立体声录音技术出现在 20 世纪 50 年代，其目的是力求还原声音的原貌。一般的立体声录音采用双声道录音、放音的方法，创造声音的立体效果。

最早发明的声音记录方法，都采用一个声道，不管原声音有多少个，由多少方向发出，汇总后都由一个声道记录，并由一个扬声器播放。这一类的技术叫作单声道录音技术。但现实中的声音很少只有一个声音和一个方向，而是有多个声音并且是由多个方向传播的。人的耳朵由于处于不同的空间位置，对一个声源的感觉在时间上有先后，在强度上也有差别。人在声场中能够明显感到声音的不同方向和强度，即立体效果。单声道的录放技术只能还原出单向的声音，强度更无从更改，临场效果荡然无存。20 世纪 50 年代，美国无线电公司推出了立体声录音技术，其基本原理、技术沿用至今。立体声录音包括立体声录音磁带、拾音方式、录音方式、放音方式等几个方面。

单声道录音磁带只能记录一个独立的声音，立体声录音磁带则把磁带分成两个独立的录音轨道，一次可以同时记录两个独立的声音。

拾音方式也进行了改变，双声道立体声录音的拾音话筒要设置合适的位置，一般设置思路有：第一，A/B 式，即在一个平面上平行或呈一定夹角设置两个话筒，距离依声源情况而定，一般在 20~300 cm；第二，X/Y 式，即两个话筒上下接近，呈 90°放置；第三，M/S 式，即心形话筒与 8 字形话筒在同一个水平面上呈 90°放置。每个话筒独立连接信号放大器，独立输出声音电信号。

录音方式，针对两路声音电信号，录音机的录音磁头设计成两组线圈结构，利用立体声录音磁带，可以把两个声音同时记录在磁带上。

放音方式，重放的时候，对应磁带上的两个声音采用两个独立的扬声器，扬声器间隔一定距离放置。由于两个声音的拾取不在同一个空间位置，并以同样的方式对应还原，就呈现出不同声源方向和强度的声音效果，即立体声的效果。

在立体声录音的实际操作中，首先要间隔设置两个独立的拾音话筒，分别接入录音设备的左右两个声道，其他有关的设置也要符合立体声录音的要求。录音磁带要选用合适的立体声磁带。通过调音台录音要注意左右声道的独立控制，音量和其他音质方面要进行单独控制，以符合设想的录音效果。立体声放音的时候，要注意功放的输入和输出应连接独立的左右两路音频信号，扬声器要正确连接正负两极。

经过长期实践，人们已经总结出了很多立体声录音的方式，下边列举几个常用方式。

（一）时间差定位方式

时间差定位方式，即利用左右两个话筒传递同一声音的时间有一定先后而产生立体声的方式，通常时间差在 1 ms 左右或以内。话筒要采用两支完全匹配的全向话筒，通常要求两个话筒的距离在 25～50 cm。两个话筒平行放置，话筒与声源的距离要远远大于话筒之间的距离。声源在话筒前方的弧线上，但不能在两个话筒的中轴线上，否则不会存在时间差。声源离中轴线越远，则两个话筒传递出的声音的时间差越大；两个话筒的距离越小，则时间差越小。话筒距离 25～50 cm 的情况下，声源位置一般在 80°～130°范围分布。

（二）声级差定位方式

声级差定位方式是通过记录左右两个声道的不同声级即响度的声音获取立体声，通常最大的差别在 15 dB 以内。声级差录音方法通常采用两支心形话筒，话筒膜片部分上下重合，方向形成一定的夹角，其他要求与时间差定位方式基本一样。声源在两支话筒的中轴线上时，两个话筒获得的声音强度是相同的，当声源向一边沿弧线偏移时，由于话筒的指向性，两支话筒获得的声音强度就产生了差别。通常声级差录音时的话筒方向夹角在 80°～130°，而声源位置在 180°以内。

（三）时间差和声级差定位方式

这种定位方式的目的是记录下既具有时间差也具有声级差的两个声道的声音，话筒的摆放要达到综合以上两种位置的效果。首先，要确定采用两支完全匹配的心形话筒，间隔一定的距离对称地摆放在声源的前方。其次，两支话筒的指向形成一定的夹角。两支话筒的距离越远，则声音时间差越大，而两支话筒的夹角越大，则声级差越大。这种录音方式变化多端，人们经过长期的实践，总结出一些录音的模式，如：

NOS 方式——话筒间距 30 cm，话筒夹角 90°，有效拾音夹角 80°；
OLSON 方式——话筒间距 20 cm，话筒夹角 135°，有效拾音夹角 80°；
ORTF 方式——话筒间距 17 cm，话筒夹角 110°，有效拾音夹角 90°；
DIN 方式——话筒间距 20 cm，话筒夹角 90°，有效拾音夹角 100°；

RAI方式——话筒间距21 cm，话筒夹角100°，有效拾音夹角90°。

录音实践中，可以根据录音现场大小、宽窄的具体情况，选用合适的录音方式。

虽然两个方向的立体声还远远赶不上现场效果，但毕竟大大改进了放音效果。当前一般的录音设备、制作设备，都采用双声道的立体声技术，因此，进行录音必须掌握相关的基本原理和技术。

第三节　声音存储设备及其功能

声音的存储介质是记录声音的载体，从人类发明声音记录方法以来，经过几代的更新，从最初可以刻录声纹的盘片到录音磁带再到数码存储的光盘、硬盘。存储介质从几分钟长的唱片到现在成千上万小时的硬盘组合，一代比一代先进、保真、经久、稳定，存储量也越来越大。早期的留声机唱片，当前已经很少见到。本节主要介绍存储模拟信号的磁带和存储数字信号的光盘、硬盘，侧重介绍它们之间的不同点和优缺点，并结合声音节目录制的实际，介绍当前流行的存储方式。

一、磁带

磁带是在塑料的带基上涂有磁性粉末的带状声画存储介质，一般被装在特制的盒子里，方便使用。磁带从发明以来，其带基、磁粉、规格等都经过多次改进，种类繁杂。

（一）磁带的基本情况

磁带可记录音频信号、视频信号或数字信号。常用的录音磁带，一般是指紧凑的盒式音频磁带，规格为3.5英寸，由强度高、稳定性好又不易变形的聚酯薄膜做带基，上面均匀地涂有一层三氧化二铁等磁性粉末材料。立体声录音磁带有左右两个声道，而且A、B两面都可以录音，有的录音机需要打开磁带仓把磁带翻转，有的录音机设有磁带运行方向调节功能，转变磁带的运行方向就行了。磁带的转速可能因为特定的录音要求而不同。一般来说，适用盒式磁带的录音机都一样，所以决定磁带录音时间的就是磁带的长度。普通磁带的录音时长大约在30~60 min。录音磁带可以重复使用，在再次录音的时候，录音机的消音磁头会把原声音信号抹去，重新记录新的声音。磁带不能出现折痕、玷污、浸水、磁化等受损害的情况，否则信号会受到严重干扰以致报废。而且，磁带的反复录音会影响音质，如果声音质量要求不严格，可重复使用几次。

（二）磁带的分类

按照能够记录的声音的频宽和音质的高低，录音磁带可以划分为以下几类。

（1）普通语音磁带。普通语音磁带频宽较窄，只适宜录制语音，录制音乐效果不好，如TDK的D系列、Sony的EF系列、大自然AE系列。

（2）普通音乐磁带。普通音乐磁带频宽较宽，动态范围较大，适合录制音乐节目，如TDK的AD系列、Sony的HF系列、大自然AD系列。

（3）高偏磁带。高偏磁带频宽较宽，噪声极低，动态范围极大，适合录制乐器音高区分很大的音乐节目，如TDK的SA系列、Sony的UX系列等。

（4）金属带。金属带有关录音的各个指标都很高，适合录制动态范围很大、频宽较宽的音乐节目，市场上主要有TDK、Sony等公司的产品，国产金属磁带有杭州磁带厂生产的杭州牌磁带，但市场影响不大。

以上几种磁带价格差距也比较大，一般磁带几块钱一盘，而金属带要20～30元一盘。从广播节目录音的实际需要出发，如果只为记录人声，使用普通的录音带就行，因为人声的频率范围有限，用频宽很宽的高档磁带也发挥不了其优势。如果要录制音乐节目，则要考虑使用频宽更宽、动态范围更大的高档磁带。

二、光盘

（一）CD

CD用来存储CD格式音频文件，是与模拟信号存储介质完全不同的数字化存储设备。CD片基是塑料，刻写的时候，依据对声音信号的数字编码，用细小的激光束在其表面烧出很多凹坑。读出时，表面上的凹坑再被激光束扫描，有凹坑的位置和没有凹坑的位置对激光的反射不同，对应地可以还原为数字编码，并通过解码播放出声音。CD存储量大，声音逼真，音质优美，而且使用寿命很长，是当前仍在使用的音频文件存储设备。与磁带相比，CD优点突出，但CD文件不能像磁带一样随意编辑，也不能重新存储。

（二）DVD

DVD即多用数字光盘，可以存储视频、音频和视音频同步播放文件。CD之后，人们开发出了可视光盘VCD。1996年多用光盘DVD问世，其存储量远远超过CD和VCD。现在DVD又不断开发出新的产品，主要有：

DVD-ROM，即大容量可存储任何格式文件的光盘；DVD-R，即一次写入多次读取光盘；DVD-RW，即可以反复写入多次读取的光盘。各种新型的产品还在不断被创造出来。

各种光盘都有对应的播放机，常用的有 CD 播放机、VCD 播放机、DVD 播放机等。便携式的 CD 播放机十分小巧，可以随身携带，而 DVD 播放机往往可以兼容 CD、VCD，购买和使用的时候要注意兼容功能的多少。这些播放机只要质量可靠，都可以用作声音播放的工具，作为输出设备配套使用。

三、硬盘

在当前声音节目录制普遍数字化的背景下，硬盘成为主要的音频文件存储设备，从声音的记录到制作完成，硬盘可以承担全部的工作，其他的存储设备在实际操作中使用并不多。一般只有在利用历史资料时，才会涉及磁带等存储设备。

硬盘是由若干磁盘片、磁头和其他辅助组件组成的数据存储、输入工具。硬盘从 20 世纪 60 年代发明以来，其制造技术、存储量、读写速度和外形大小都发生了极大的变化。现在一块硬盘能存储数千 GB 的数据，对音频文件的存储来说，实在是太阔绰了。一般来说，录制广播节目或其他音频文件，几十或上百 GB 容量的硬盘就足够了，而且价格也相当低廉。

一般台式电脑的硬盘外观都一样（3.5 英寸），而笔记本电脑的硬盘要薄一些（2.5 英寸）。当前硬盘生产厂家还在努力开发容量更大、读写速度更快的固态硬盘。

在硬盘的性能方面，人们主要关注的是硬盘的容量、读写速度、缓存、传输速率、数据安全等。硬盘的内部结构如图 1-7 所示。

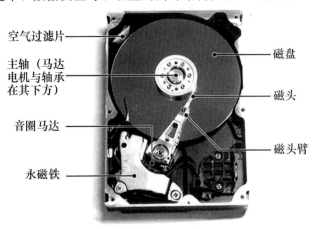

图 1-7　硬盘的内部结构

(一) 容量

硬盘的数据容量增加得很快,目前一般以 GB 为单位计量,普通硬盘有数百 GB,容量稍大一些的硬盘可以达到数千 GB(标注为 TB,1 TB＝1 024 GB)。音频素材数据量较小,临时的存储并不需要容量很大的硬盘。

(二) 读写速度

硬盘的读写速度取决于磁盘的转速,磁盘转速快则单位时间里磁头读写的数据就多。转速以每分钟的转数(r/min)为标示单位,一般磁盘转速为 5 400 r/min、7 200 r/min,笔记本电脑磁盘转速以 4 200 r/min 和 5 400 r/min 为主,应用在服务器等对速度要求更高的设备上的硬盘,其磁盘转速能够达 10 000 r/min 以上。

(三) 缓存

缓存是硬盘控制器上的一块内存芯片,具有极快的存取速度。它是硬盘内部存储和外界接口之间的缓冲器,缓存的大小与速度直接关系到硬盘的传输速度。目前大多数硬盘的缓存为 8 M,也有些硬盘达到 32 M。

(四) 传输速率

硬盘的传输速率分为外部速率与内部速率,外部速率即硬盘的缓存区与连接总线间的传输速率,内部速率是数据从存储盘片到缓存区的传输速率。外部速率主要取决于接口,目前常用的 Sata2 接口的硬盘最大外部速率为 300 MB/s,Serial ATA 硬盘外部速率传输率已经实现 600 MB/s,内部速率主要取决于磁头、磁盘等。硬盘的容量越大、传输速率越快,对于一般音频文件的输入输出,需要时间越短。

(五) 数据安全

目前,硬盘连续稳定运行能达到 300 000 小时以上,但再长时间的稳定运行也消除不了人们的担心,一旦硬盘崩溃,丢失的数据将无法恢复,所以重要数据仍然需要备份。

移动硬盘是通过 USB 接口与计算机连接的存储器,当前常用的移动硬盘存储量是 1～2 TB,即插即用,使用方便。

U 盘即 USB 闪存盘,当前常用 U 盘存储量有几十 GB,可以方便地存储和转移数据文件。

存储器中与硬盘相似的还有软盘,利用软盘驱动器读写,因其数据存储量很小，使用又不方便，容易发生故障，现在已经被 U 盘和移动硬盘代替，在此不再介绍。

第四节　声音编辑与合成设备

广播节目是由多种声音组成的一个和谐的整体，各种声音最初以无序的素材形式存在，包括采录的现场声、播音、无源音乐、效果声以及夹杂其中的无效信号、杂音等。要想把这些杂乱的材料变成优美的广播节目，就要在节目主题的统一要求之下，对素材进行删改、排序、润色等一系列操作，最终形成传递信息和表情达意的节目。对这些声音素材进行复杂处理的过程就是编辑、合成。

编辑、合成统称为制作，是随着声音信号记录、处理设备不断更新而不断发展的工作。从广播传播方法发明到 20 世纪末，广播节目制作一直采用线性编辑方式，而从 20 世纪 90 年代以后，数字化的非线性编辑技术设备发展很快，已经占据绝对的优势，很多线性编辑线已经被搁置，其有关器材主要在播放模拟信号资料时使用。

一、线性编辑设备

在声像录制领域，线性编辑的设备、技术基本上已被淘汰，但其基本编辑思想被保留了下来。

（一）线性编辑的含义

所谓线性编辑，就是磁带对磁带的编辑方式。广播节目的线性编辑是指利用电子手段，把素材磁带上的声音信号有选择地复制到编辑带上，并在编辑的过程中进行降噪和其他音质方面的效果处理。由于声音信号对应在磁带上的位置一旦确定即很难改变，无法在中间插入和删除内容。因此，若要进行修改，则需再一次编辑。但在再次编辑后，如果还需要修改，则还存在同样的问题。这种严格的对应性、顺序性，被称为线性。

（二）线性编辑基本设备

线性编辑基本设备包括播放机、编辑机、编辑控制装置。通过编辑控制装置，可以选择复制播放机里的素材，即编辑到编辑磁带上，编辑的时候可以对素材重新排序也可以改变音量。

（三）线性编辑的优缺点

线性编辑的基本设备和基本技术都很稳定成熟，而且线性编辑操作简单、直观，容易掌握。在非线性设备技术兴起以前，一直都是线性编辑承担广播电视节目的编辑任务。

虽然线性编辑是成熟的技术，但与非线性编辑相比，缺陷十分明显。第一，线性编辑虽然操作简单，但速度慢，信号衰减明显，资料保存期短，环境要求高。第二，线性编辑设备比非线性编辑设备造价高，运行故障多，消耗快，成本高。第三，在当前音像数字化时代，线性编辑设备与新兴器材不能兼容，严重影响音像录制工作的正常开展。第四，线性编辑添加声音效果相当困难，要利用特定的器材，而且操作不便、控制精度差。

二、非线性编辑设备

非线性编辑是与线性编辑对应的概念，也就是数字化编辑。

（一）非线性编辑基本工作原理

连续的声音并不能直接记录成数字文件，音频数字文件是从模拟信号转换而来的。数字记录或转换设备利用 A/D 转换器，即模拟-数字转换器（统称为声卡），把声音的模拟信号转换成数字信号，以特定格式音频文件的形式记录下来，有关知识参见第一章第一节"音频文件的格式"和"音频文件格式转换的基本操作"部分。大量音频数字文件以素材的形式存储在计算机的硬盘中，再用音频编辑软件对其进行编辑、调整、合成、输出为适于播出的节目。

（二）非线性编辑的特点

非线性编辑是相对传统线性编辑而言的。线性编辑的声音信号在磁带位置上具有对应性、顺序性，而非线性编辑由于采用编辑软件对数字文件进行处理，可以对文件或文件的一部分进行任意的调换、插入、合成。用此种编辑模式制作后的节目仍可以随意进行部分删改、插入、调换，从而达到很高的精确度，所以称其为非线性编辑。

与线性编辑相比，非线性编辑的操作复杂、抽象，学习难度大，但非线性编辑的优势十分明显。第一，非线性编辑的设备投资小，运行成本低。一般台式计算机就能够满足音频文件非线性编辑的需要，其操作所需附属设备少，电子设备运行故障少，使用成本大大降低。第二，非线性编辑对素材的处理更自如。第三，非线性编辑不损失信号，其实质是对数字数据进行处理，而数字数据不会像模拟电信号一样衰减。第四，添加声音效果更方便，当前的编辑软件大都具有多种效果，而且扩展功能强大，可以安装许多特定效果插件。这些软件可以代替传统的混响器、压限器等专用器材，满足对声音的各种效果的编辑要求。

（三）非线性编辑设备

非线性编辑的设备包括传统的模拟设备、数字设备、编辑软件。传统的模拟设备主要有用于拾音的话筒、用于监听的音箱、用于调音的调音台、用于传输的连线与接头等。数字设备主要是计算机、数字录音机与配套的专业声卡、辅助存储设备。编辑软件的种类很多，但功能大同小异。

（四）数字音频工作站

在专业的声音节目录制机构，如广播电台、音像制作公司，对数字化音频信号的编辑主要是通过数字音频工作站的形式进行的，有关知识在本章第六节介绍。

第五节　调音和其他辅助设备

在声音节目的录制过程中，由于声音纯化、音质改进、特定效果添加等需要，要对声音进行有目的的处理，即"调音"。不同目的的声音处理要借助不同的设备，包括模拟调音台，数字调音台，功放机，话筒，音箱和附属设备等。附属设备包括降噪器（用于降低噪声）、均衡器（用于设定各频段频率）、压限器（用于设定声音输出的音量或频率比例）等。

一、模拟调音台

在复杂的声音传递工作中，会有几路、十几路、甚至几十路声音进行自由分合，并伴随音量、效果等动态调整。特别是多环节的大型连续活动，其声音传递不允许间歇，更不允许发生传递错误。此时，若没有功能强大、操作方便的中枢控制装置，这么复杂紧张的工作是无法完成的。这个中枢控制装置可以将多路输入信号进行放大、混合、分配、修饰等，因其外观是一个扁平的长方体，所以，在数字调音台出现之前，一般将其统称为调音台，又称调音控制台。后来为了与数字调音台相区别，称其为模拟调音台。

（一）模拟调音台的基本作用

模拟调音台有录音调音台、音乐调音台、舞台调音台等不同种类，但其基本功能类似（见图1-8）。

（1）在多路声音同时输入时，使用模拟调音台可以实现任一路声音的独立切换，包括音量和声音效果的动态调整。

（2）使用模拟调音台可以实现多路组合输出的控制。模拟调音台上，每一路声音的输入都相互平行独立，一些主要控制，如音量、均衡器（EQ）、声像、单通道效果等完全独立。但输出是由若干单通道（包括音量、效果）组合在一起的组合输出，每一单通道都可以进入多个输出组合，以实现不同的工作需要。

常见的输出通道包括立体声输出、分组输出、辅助输出、监听输出等，但不同品牌的调音台中这些输出通道的具体功能可能不同，一些模拟调音台还设计有音乐数字接口（MIDI）的输入和输出。

（a）正面

（b）背面

图 1-8　MG16 模拟调音台

（二）模拟调音台的基本结构与相关操作

模拟调音台内部结构十分复杂，从实际操作出发，可以分为连接端口区、输出通道调整区、单通道调整区。

1. 连接端口区

连接端口区设计在调音台的后面板或正面板的上部，接口数量少则几十个，多达一百多个甚至更多，大体可以划分为输入、输出、双向效果三类。每一个端口都有标注，但即使同样的标注，在不同品牌的调音台上，其含义也稍有区别，具体功能以说明书为准。

（1）输入连接端口。输入连接端口以通道为组，通道数从几个到十几个不等，每组接口结构、功能相同，相互平行，互不干扰，实际工作中可以自由选用。

每组输入端口的基本组成有话筒接口、线路接口（接入其他播放设备的音频信号）和返回通道接口（连接效果器）。

注意：话筒接口和线路接口只能选择其一，每一个独立的通道只控制一路声音信号。

（2）输出连接端口。输出连接端口没有输入连接端口数量大，每一个输出连接端口的功能互不相同。常见的输出连接端口有立体声输出连接端口、辅助输出连接端口、监听输出连接端口、分组输出连接端口等，每一个端口的具体声音信号、音量、效果及其动态变化，取决于面板上单通道和输出组合通道的有关调整。

2. 输出通道调整区

模拟调音台输出通道调整区的控制装置，一般设在正面板的右边，一些输出通道的名称（或标志）与单通道一一对应，操作比较直观。也有的通道名称（或标志）只出现在输出区域，具体含义要参照产品使用说明书。常见的输出通道如下。

（1）辅助输出通道。用于控制辅助输出通道总音量。

（2）分组输出通道。通过控制本组音量来控制选入本组的若干单通道的输出总音量。

（3）立体声输出通道。控制双通道立体声的总输出音量。

在对输出通道调整区进行具体操作时，需要注意以下问题。

（1）工作中所有利用不到的通道、旋钮都置于衰减最低点或关闭位置，尽量减少杂音。

（2）接入调音台的话筒尽量使用无电池的电容话筒，注意打开幻象电源。

（3）音响设备的连线与接口多种多样，注意选择可以直接相连的接头与接口。不能直接相连的，应提前准备好转接头，避免因小疏忽影响整个工作的顺利开展。尽量减少线路长度，减少可能产生的噪声。

（4）当前市场上的新型模拟调音台附加了相当多的数字功能，如数字效果模式、数字输出、数字文件存储等，注意认真研究说明书。

3. 单通道调整区

单通道调整区的功能包括基本调整（即调整效果可以适用于每一个输出通道）和针对某输出通道的调整。

（1）基本调整，包括增益（Gain）、EQ（Equation）平衡、效果强度（Effect）设定等调整功能。

① 增益调整功能是对单通道音频电平进行的最前端控制。在该通道输入音量信号正常的情况下，通常设定标准为告警灯（Peak）偶尔闪烁。设定太低（Peak 不闪烁）则下位电平操作预留空间太小，设定太高（Peak 点亮）则会产生过载噪声。

② EQ 平衡调整功能是对单通道输入音频信号进行分频段音量调整。一般调音台都划分出高、中、低（或更多）频段，根据具体工作进行适当设定。无须设定的时候，把它们均调至中间（12 点位置）即可。

③ 效果强度设定调整功能是针对外接效果器（或内置效果模式）的效

果添加强度控制。

（2）针对某输出通道的调整。

① 辅助输出通道。辅助输出通道大多没有独立的开关，以对应的音量设定为准。当某一通道音频信号需要进入辅助通道时，即把该通道音量设定到适当位置，否则最好关闭。

② 立体声输出通道。立体声输出通道大多设定有独立的开关（有的调音台没有）。当某一通道音频信号要进入立体声输出通道时，首先要打开立体声输出通道开关。

● 立体声声像调整功能。立体声一般是指左右双声道的同时传输，单通道输入的音频信号，需要按比例分配给左右声道，由声像调整功能具体设定。如果平均分配，声像调整功能的旋钮就置于中间，旋钮偏向哪一方则表示多给那一声道分配音量，直至完全归于一方。

● 立体声单通道音量衰减器（即小推子）。这是单通道声音进入立体声通道的第二道音量调整，调整幅度大，过渡平稳且不会产生杂音。立体声单通道音量改变或切换主要利用这个小推子进行。

③ 衰减器前监听（Previous Fader Listen，PFL）。这是为在多路输入的情况下对单独一路进行监听而设置的通道。为方便进行监听，调音台正面设有监听耳机接口。打开任何一个（或多个）PFL开关，相应通道的声音信号都会在面板耳机接口输出，所有PFL开关都关闭的时候，监听耳机接口会输出总混音信号。监听耳机接口旁边设有音量调整装置。

④ 分组输出。调音台有时需要十几个甚至几十个输入通道同时工作。一个操作员不可能用双手随时实现这么多的通道切换或音量调整，而且若干通道的调整可能需要完全同步。因此常把若干通道捆绑在一起作为一组输出通道，用一个衰减器来调整这组通道，既可以简化操作，又可以保证若干通道音量衰减的完全同步。

不同模拟调音台的可分组数不同，从处理复杂工作角度来说，当然是越多越好，一般少则二至四组，多则六至八组。每一个通道的信号可以重复分配到不同的组里，打开对应的开关即可，然后分入各组的信号可以用对应的组衰减器来控制。

二、数字调音台

（一）模拟调音台与数字调音台的联系与区别

模拟调音台和数字调音台在声音调整系统中的作用和地位没有根本差别，但两者在技术方面具有代差，既有联系也有区别。

1. 模拟调音台与数字调音台的联系

无论是模拟调音台还是数字调音台，都称为"调音台"，表明它们的基本功能相似。从外观上来看，数字调音台也是一个和模拟调音台类似的方形"台子"，在声音调整系统中也要连接话筒、音响等辅助设备才能进行工作。两者的联系可以从以下几点来理解：一是数字调音台和模拟调音台一样，必须使用话筒、音箱、效果器、功放机等外围设备；二是数字调音台和模拟调音台都具有模拟输入接口和输出接口；三是数字调音台的功能、基本操作思路、主要术语和模拟调音台基本相同。

2. 模拟调音台与数字调音台的区别

数字调音台采用的是数字技术，功能更强大，操作也更复杂。主要区别有以下几点：一是模拟调音台的主要组件有电器元件、线路板等，而数字调音台实际上就是一台以音频处理为目的的特殊的计算机，由相应的硬件和软件组成。二是模拟调音台的所有操作装置是物理性的、固定的，而数字调音台的操作装置，大部分都兼具多个功能，工作过程中可以进行适当的切换。三是模拟调音台的单通道输入和母线输出通过物理的控制装置建立连接，而数字调音台则是通过虚拟数据链连接。四是数字调音台可以整合很多效果器，并可以保存对特定通道音频调整的数据，模拟调音台没有这些功能。五是数字调音台可以添加扩展器件，可以对软件进行升级，模拟调音台没有这些功能。

（二）雅马哈01v96i数字调音台

雅马哈01v96i数字调音台是雅马哈集团生产的小型数字调音台，虽然体积小，但功能强大，在小型数字调音台中具有一定代表性，也适宜在语言类广播电视节目中使用。01v96i数字调音台的操作面板由输入输出接口、16个通道及推子，层、推子模式和场景，通道选择和效果等组成。

（1）输入输出接口。雅马哈01v96i数字调音台设有12个独立的模拟输入接口和4个立体声模拟输入接口共16路模拟输入接口。输出部分有立体声模拟接口和数字接口。模拟输入输出接口的使用方法与模拟调音台相同，数字接口要接到适宜的声卡等其他设备上。另外，后面板还有幻象电源开关、字时钟接口、扩展接口等。

（2）16个通道及推子。这些通道、推子位于面板下方，与模拟调音台的使用方法不同，它们并不是单纯输入或输出控制，而是可以在输入与输出之间进行选择的通道。根据其他选择工具的引导，可以控制面板的模拟输入通道，也可以控制扩展的输入通道，还可以控制输出通道。

（3）层、推子模式和场景。这些控制在面板左侧，是和推子配合工作的，上述16路推子的旁边标注有"1～16""17～32""AUX 1～8、

BUS 1~8",这就是备选的层(Layer)。这些层对应层选择按键,选择不同层之后,推子控制的对象相应地发生改变。在层区块的上边,有模式(Mode)区块,分布"AUX 1~8"和 Home 键共 9 个按键,选择 Home 键,上述推子控制的是输入输出的层,而选择"AUX 1~8"中的任意一个按键,则所有推子对应于一个 AUX 输出通道。模式区块的上边是场景选择区块(Access),可以把一次工作的重要参数设置保存为一个"场景",方便再次调用。

(4)通道选择和效果。在推子区域的上方,有 Sel 按键,选择这个通道之后,面板中部的均衡器等所有效果,都针对这个通道进行添加。01v96i 数字调音台提供的 EQ 平衡分段和操作与模拟调音台类似。此处的名称 ON、Solo 和右上部监听输出区域的相应名称的含义与模拟台类似。

其他部分不属于掌握该调音台的基本知识技能,不再逐一介绍。

三、功放机

功放机是放大声音的装置,专门为放大声音而设计。需要此类设备的原因是话筒的输出电流都很微弱,在大厅或露天场合直接输出的声音肯定无法满足音量的需要,即使是一般家用录音机和 VCD、DVD 播放机的输出功率也有限。功放机的功能比较简单,主要就是扩大音量。近年来结合电子技术生产的功放机的功能扩展了不少,增加了均衡、低音、延时、多路输入输出等功能。

下面以山水 ES-8020FD 功放机为例(见图 1-9),介绍功放机的操作。

图 1-9 山水 ES-8020FD 功放机

在功放机后面板的左下角,有 DVD、VCD 的输入端口,可以输入相应的音频信号,另有 AUX 辅助线输入端口,可以输入其他音频播放器的音频信号。实际上这几个端口无论接入什么播放器,只要是适当的模拟音频信号,功放机都能够接收。连接线使用通用的 AV 数据线(俗称莲花头线)。后面板上边的 5.1CH 环绕立体声接入端口为接入 DVD 家庭影院时使用；下边的视频端口为接入DVD等视频信号时使用；右下角为音频输出端口，自左至右为右环绕输出（SR）、前右声道输出（FRONT-R）、中置音箱输出（CENTER）、左声道输出（FRONT-L）、左环绕输出（SL）。注意：输出端口的正负极与音箱上的对应，否则会影响音质并可能造成危险。

前面板有音频输入选择功能键INPUT，在有效输入的情况下，功放机会自动打开，按此键可以搜寻5.1CH、DVD、VCD、AUX的输入信号。按SOUND键可以选择正常音质和高保真音质等。EQ-MODE键可以选择均衡模式，并通过遥控器设定均衡曲线，以适应特定的声音要求。BASS键为重音模式选择键，按此键有4个低音模式可供选择，在监听的同时，可以马上感觉到均衡和重低音的效果。在连接话筒的时候，有一组键可以调节话筒的模式。DELAY键是延时键，调节输入延时，可以调节延时范围为12～196 ms。ECHO键调节混响深度，MIC VOLUME键调节话筒的输入音量。另外，该功放机还设有总音量控制、VFD荧光显示器、遥控等功能。

在广播节目的制作过程中，功放机的家庭影院功能和相对简单的音质调整功能都很少使用，主要使用的是左右输出功能，以及声音监听功能。

四、话筒

话筒是把声音的空气振动转换成连续变化的电压予以输出的电声装置，是重要的拾音设备。

话筒的种类很多，从专业利用的角度，一般分成动圈话筒和电容话筒。

（1）动圈话筒。动圈话筒是由振膜带动线圈振动，从而使在磁场中的线圈感应出电压，通过对不断变化的电压连续输出，形成声音电信号。动圈话筒性能稳定，经久耐用，频率特性良好，工作中不需要额外供电，价格也比较低。

（2）电容话筒。电容话筒的基本构成是电容器的一个电极。当振膜振动，振膜和固定的后极板间的距离跟着变化，于是就产生了可变电容量。这个可变电容量和话筒本身所带的前置放大器一起产生了信号电压。电容话筒频率特性优良，灵敏度高，音色柔和，失真小，这些是动圈话筒不具备的优点。但电容话筒工作状态不稳定，寿命也短，使用时需要提供幻象电源。在录音机或调音台外接电容话筒的时候，要注意打开幻象电源供电，否则不能输入声音信号。电容话筒非常灵敏，使用时要在话筒前端安装防风罩、防喷罩，并注意固定好，否则很容易传出不必要的气息声或造成声音失真。

话筒的连线以三针卡农插头XLR或三芯TRS插头为好，可以有效减少噪声。如果使用仅有一层屏蔽的连线，在连线长或干扰严重的环境里，可能会产生明显的噪声。

由于话筒的种类繁多，没有一种话筒可以包打天下。在广播节目的录制过程中要注意选择适应录音环境的话筒。录音时，在正式录音前要进行认真的试录，以保证合适的音质和音量，避免因话筒质量、故障、连线松动、音量过载等原因影响录音。

按照话筒有效拾音的范围，话筒可以划分为全向话筒、心形话筒和8字形话筒等。

（1）全向话筒。全向话筒可以拾取360°范围的所有声音，对声音的感应十分灵敏。全向话筒主要使用在音乐录音、多人自由谈话或不便放置多个话筒的场合。一支全向话筒可以清晰记录每个声音，但其缺点也在于此，现场杂音也会不可避免地都被记录下来，可能给工作带来麻烦。因而使用全向话筒要求现场每个人高度注意，不要发出不必要的声响。

（2）心形话筒。心形话筒是指向性话筒，只有一定角度（包括距离）的声音才可以被有效记录。心形话筒本身还可以细分，其有效拾音范围不同，但都呈心形分布。使用心形话筒，可以在一定程度上避开不同方向的杂音，除舞台录音之外，特别适用于记者在外出时采访录音。

（3）8字形话筒。8字形话筒相当于两个心形话筒反向连接，主要使用在特定录音场合。

五、音箱

音箱是把音频电信号转变为声音的装置，其基本原理正好与话筒相反。音箱的基本结构是在一个箱子里放置放大器、扬声器等，音频电信号接入后经过放大从扬声器回放出声音。音箱中最常用的扬声器是电动式的，利用音圈与恒定磁场之间的相互作用力使振膜振动而发声。

本书根据音箱的使用场景，把音箱分为家用音箱、专业音箱。家用音箱外观制作精细美观，音质柔和，音量较小，适用于家庭小环境。专业音箱更注重功率、音量、灵敏度等功能，外观可能并不很精致，有的近一米高、几百斤重。但专业音箱中的监听音箱外观精致，尺寸较小，也适用于家庭欣赏影音节目。广播节目的录制过程中，用到最多的音箱是监听音箱，功率不是很大，一般在几十瓦，但声音保真度高。监听音箱主要用于控制室、录音室，以真实再现节目的原来面貌为目的，不进行音质的刻意修饰。

选用音箱时要注意以下几个重要的参数指标。

（1）频率范围，是指音箱可以有效回放的声音频率从最低到最高的范围，理论上是范围越大越好，一般达到50Hz～16kHz就足够了，40Hz～

20kHz 则更好。

（2）最大输出声压级，是指音箱在输入最大功率时所能给出的最大声压级，也就是音箱可能发出的最大声音。

（3）谐波失真，是指在重放声中增加了原信号中没有的谐波成分，使得重放声听起来与原声有区别。失真以百分比表示，越低越好，质量较好的音箱失真率在百分之零点几。

（4）阻抗，是指扬声器输入的信号电压与信号电流的比值。我国国家标准规定的音箱阻抗优选值有 4Ω、8Ω、16Ω，常见的为 8Ω。

这些参数与音箱的响度、电耗或声音回放的质量有关，实践操作中，要注意与设备的技术参数相匹配。

第六节 数字音频工作站

数字音频工作站是记录、交换、处理数字音频信息的计算机系统，是计算机技术与数字音频技术相结合的产物，可以完成声音的数字化记录、调整、合成、输出的全过程。数字音频工作站在广播行业的广泛应用，保证了广播节目的高质量录制、快捷传输和精确播出，是目前先进高效的音频信息处理设备。

一、数字音频工作站的基本功能

从广播节目录制专业要求的角度看，数字音频工作站具有以下功能：一是录入和播放符合专业水准要求的声音，关键的技术指标有不低于 16 bit 的数据率、44.1×10^3 Hz 的采样频率和 20 Hz～20 000 Hz 的动态范围及 90 dB 或更高的信噪比。二是能够同时记录和播放多个声道的声音，播放的时候，至少应该有 8 个以上的声道。三是具有全面、精确、快捷的剪辑功能，包括删除、移动、复制等。四是具有专业化的声音处理功能，包括降噪、均衡、混响、延时等。五是兼容多种效果软件。

二、数字音频工作站的基本分类

根据数字音频工作站组成方式的不同，人们把它分为以下两种。

（1）以计算机为核心的数字音频工作站，即组合工作站，是以一台计算机为主要设备，辅助其他诸如调音台、效果等设备组成一个完整、系统的工作站。

（2）专门的数字音频工作站，即所有功能集中在一台综合设备上的独立工作站。

（一）以计算机为核心的数字音频工作站

以计算机为核心的数字音频工作站除了计算机、专业声卡等主要设备以外，硬件还包括拾音、扩音、监听等设备，软件包括编辑、处理、效果等应用程序，如图1-10所示。

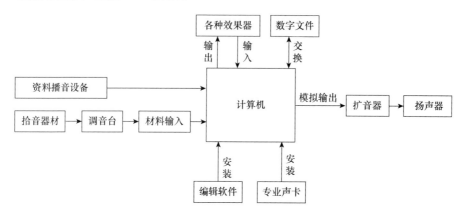

图1-10　以计算机为核心的数字音频工作站

1. 以计算机为核心的数字音频工作站的硬件

（1）计算机。声音信号处理并不要求配置很高的电脑，一般具备USB、AV、XLR等数据线接口的普通电脑就能满足需要。

（2）专业声卡。普通电脑的声卡虽然也能够对声音信号进行输入、输出的编、解码处理，但基本处于一般欣赏的音质水平，对音频数据的处理功能也很有限，输入和输出接口少，不能满足专业录制节目的要求。专业使用的数字音频工作站要安装专业的声卡，例如，Creative SB Live系列的声卡就能满足一般的专业需要，适宜个人音乐爱好者使用，而Digigram-PCX系列声卡等，属于当前数字音频工作站的高品质专业声卡，适宜录制大型的音乐节目。

（3）其他设备。除了以上大型的核心设备之外，拾音是声音记录的第一个环节，因此话筒也是关键的设备之一，应根据需要进行选择。扩音、监听使用的功放机、音箱、连线、接头等，也在整个工作过程中起着不可替代的作用，必须选择适当的产品。

2. 以计算机为核心的数字音频工作站的软件

数字音频工作站的硬件设备一般都比较先进，因此，在实际工作中软件的质量直接决定数字音频工作站的使用效果。有些功能强大的软件，能够承担从声音记录、交换、处理到混音、合成等全部工作。而有的软件功能单一，只能承担记录或编排等方面的任务。最简单的插件程序，只能借助其他软件,增加特定的效果。目前世界上全功能的音频编辑软件很多,著名的有美国的 Adobe Audition,德国的 Cubase,加拿大的 Goldwave 等,这些编辑软件对硬件的要求不高,因而应用广泛。我国很多广播机构的节目录制编排都使用这些软件。

(二)专门的数字音频工作站

专门的数字音频工作站集硬盘录音、文件存储、文件编辑、效果添加、信息交换、节目输出、编辑状态为一体,并且还可以兼容其他设备和软件,功能强大,操作方便,如图 1-11 所示。由于专门的数字音频工作站采用硬件和软件功能集成的方式,省却了许多连接的烦琐并减少了信号损失,使数据交换的速度加快,因而在专业应用中很受欢迎。在具体操作中,专门的数字音频工作站和组合工作站的原理相通,操作方法类似,可以参见第二章第五、六节内容,在此不做详细的介绍。

图 1-11 罗兰 2400 音频工作站

第二章
广播节目声音编辑与合成操作流程

 本章导读

　　广播节目从素材的收集、记录、处理到制作成可以播出的成品，要经过多个环节，这中间既要借助特定的专业设备，也要借助专业的计算机软件。广播节目声音编辑与合成是一种技术性、专业性的工作。

　　本章主要介绍广播节目声音从资料录音到编辑与合成的基本知识、基本程序、操作方法和实际工作中的注意事项。在当前声音处理基本数字化的情况下，学习声音编辑与合成的关键在于熟练使用声音编辑软件。虽然声音编辑软件众多，但其基本功能、操作方法大同小异。这些基本的功能已经可以满足语言类广播节目的制作需要。当然，在实际工作中，对声音编辑与合成的熟练操作，是广播传播时效性的内在要求。

第一节　声音的种类及属性

在广播节目中，声音起着无可替代的作用，是唯一的信息载体，叙述事件、介绍背景、发表议论、抒发情感等，所有信息的传递都依靠声音。在第一章中，我们简单讨论了声音的物理属性，本节重点讨论声音的社会属性，也就是声音与人的认知、情感等有关的社会性质。对声音社会属性的讨论，可以从不同的分类角度进行：一是依据广播节目中的声音与对应的情节内容是否具有直接关系，可以把声音分为有源声音和无源声音；二是依据在节目中作用的不同，可以把声音划分为语言、音响与音乐等。

一、有源声音与无源声音

依据节目中声音与对应的情节内容是否具有直接关系，可以把声音分为有源声音和无源声音。

（一）有源声音

有源声音又称客观声音，即发声体发声动作和声音同步存在于节目中，可以理解为对节目中的某部分和它发出的声音进行了同步记录。有源声音由于与节目的某一部分融为一体，发声体的真实性使声音信息也获得了真实感，反过来声音也能使发声体的存在更加生动形象，声音与发声体相互说明，深入揭示人物内心和事实真相。常见的有源声音有现场采访新闻人物的声音、表演的声音、公开演讲的声音、效果声音等。

既然有源声音在节目中有真实的声源，这个声音就必须受真实声源的限制，不能随意拟音。例如，一般情况下，不能在叙述一个人走进树林的时候，播放商场的嘈杂声。但也不是说对有源的声音不能有任何加工，只要符合剧情环境、符合人物心理，适当的夸张并不会破坏对声音与来源关系的真实感觉，反而能够获得很好的表现效果。例如，当一个人走进深山峡谷而心情紧张的时候，现场的山谷回声、风声、人的喘息声等，都可以依据人物害怕的心理进行适当的夸张，同样会让听众感觉到环境的真实。

（二）无源声音

无源声音又称主观声音，是指节目中的声音与对应的内容没有直接的依存关系，声音是为了一定目的而人为附加的。无源即相对于节目中某部分来说，发声体不在同步位置。既然是人为附加，无源声音的目的就是加强某种表现效果，比如对事件过程进行说明的播音，为了抒发情感的音乐，为了暗示某种心理的特殊拟音等。

无源声音本不属于节目内容的组成部分，所以使用的时候就要特别注意与其他声音的融合，保证所有声音组成一个和谐的整体。播音要针对事实进行说明、议论，音乐、拟音要符合人物情感状态或能烘托环境气氛，否则会出现无源声音与节目脱节的现象。

二、语言、音响与音乐

依据在节目中作用的不同，可以将声音分为语言、音响与音乐等。

（一）语言

在广播节目中，广播播音、新闻现场采访的声音等都属于语言，这里的语言是意义明确、连贯的声音。广播节目中，语言是传递基本信息的手段，特别是消息类新闻节目中，语言几乎是唯一的信息载体。因为语言以达意为主，节目录制中要注意保证其清晰。如果现场录音存在杂音，可以借助软件降噪。而对语言声音的形象感，广播节目录制过程中可做的工作一般不多。

（二）音响

音响也称效果声，是一定社会现象或自然现象、环境等发出的声音。由于人们长期的生活经验，对很多声音与事物的关系已经形成固定的联想，一旦听到某种声音即在脑海里形成与之对应的形象。音响虽然没有明确、连贯的意义，但能够代表一定的现象或环境。自然音响对应环境，如风雨声代表正在刮风、下雨，家畜、家禽声代表在村庄，鸟鸣声代表在树林，虫鸣声代表在夜晚，回声代表在山谷、山洞等。有时自然音响还可以预示事情的发生，如雷电声预示风雨来临，鸡叫声预示太阳将要升起等。社会中如嘈杂的人声让人想到商场等公共场所，机器轰鸣声让人想到生产中的工厂，歌唱的声音让人联想到舞台等。

在广播节目中，音响属于有源声音，原则上应该在现场忠实记录而不能人为添加。但在节目录制过程中，可能记录不到需要的特定音响。在不违背真实的情况下，编辑往往在特定的位置穿插与环境相符的音响来提高节目的表现效果。广播剧等虚构节目中的音响运用更自由一些，为了渲染环境气氛、烘托人物心理，可以对音响进行明显的夸张，如加强响度、延长时间，甚至附加特殊的声效等。录制实践中，确定采用哪些音响之后，要把握好位置、长度、音量、音效等关键要素。为了编辑方便，一般要把音响放在单独的音轨上，以避免混淆。

（三）音乐

这里的"音乐"是指为了增强广播电视节目的表现效果而附加到节目

内容上的音乐，纯音乐节目中的音乐和音乐演奏会的现场录音不属于这里的"音乐"范围。广播节目中，音乐能够揭示人物心理、渲染气氛、深化主题，属于利用频率相当高的表情达意手段。快节奏音乐显示人物的紧张心理状态，悠长节奏音乐揭示人物的沉静心理状态，恢宏的交响乐可以烘托战场的气氛，悠扬的小夜曲可以刻画环境的美好。

第二节　室内录音与室外录音

广播节目录制实践中，按照工作方式的不同，可以把声音记录分为室内录音与室外录音。室内录音是指在室内专用录音室里进行录音。与外出现场录音、采访相比较，室内录音在环境、设备、人员配备等方面都具有较好的条件。室外录音并非一定在室外，而是指在专业录音室以外的地方进行的录音。其录音环境具有临时性、非专业性的特点，即使在室内，环境、设备等都不如专业录音室。室外录音主要是录新闻采访和各种活动的现场声音。由于室内录音和室外录音的环境、设备、目的等不同，所以，对室内录音和室外录音的质量和效果要求也不同。

一、室内录音与室外录音的不同特点

（一）环境特点

室内录音使用专业的录音室，可以有效避免各种杂音。室外录音的场合是临时确定的，并非为录音而专门设计，很多时候就在露天旷野中进行，各种无关人员很容易接近，带来干扰和杂音。还有其他社会和自然界的声音，比如汽车声、人群声、电话声、风雨声、动物鸣叫声等，都难以避免。

（二）设备特点

室内录音的设备专业、配套，工作状态稳定，一般不会出现意外。而室外录音时，设备都要临时搬运、连接，设备简陋，容易发生故障；室外环境干扰因素多，设备容易出现意外损坏。

（三）准备情况的差别

室内录音多为按部就班的工作，规律性强，出现意外的概率不大。室外录音往往是临时任务，即使不是临时任务，一般也只能临时布置录音现场，时间比较紧张，容易出差错。

二、室内录音与室外录音的条件与设备

（一）录音条件

室内录音一般在专业的录音室进行。室内录音场地是广播节目制播机构常用的固定设施，要进行专业化的建设、装修，配备专业成套器材。广播节目的专用录音室不必像影视录音棚那样大，设备也没那么复杂，但要满足以下几个基本条件。

第一，隔音。声音在固体介质中传播速度快，作为录音室的建筑物不但要选择安静的位置，而且对墙壁要进行隔音处理，有条件的广播节目制播机构可以对录音室墙体采用双层隔音结构，包括尽量对地底的震动予以隔断。隔音标准一般保证本底噪声在－30dB以下即可。

第二，吸声。裸墙的房间共鸣音很明显，可能导致声音混沌不清晰，录音室的墙体上要敷设吸声材料，避免过度的共鸣声，以保证音质。

第三，混响。在录音室敷设吸声材料和反射材料，可以改变或控制声音的混响时间。专业录音的混响时间长度应该适当控制，也可以依据一定的需要进行改变。

室外录音的场地是临时确定的，无法像室内一样严格要求，实践中可以选择的话，以安静、无风的场所为宜。

（二）录音设备

室内录音是一项经常性的工作，频率高，对音质要求高，所以要求录音设备配套要齐全，设备质量要可靠稳定，一旦建成工作系统之后，不要轻易改动。室外录音多在临时场所，一般不必要组建系统的工作网络，以能够完成临时工作为目的，尽量简化设备拆装。

（三）监听设备

监听设备一般包括功放机、音箱、监听耳机、接头和连线等。室内监听环境安静，设备安装固定，可以用监听耳机或者音箱进行监听。室外监听时，因环境一般比较嘈杂或十分空旷，用音箱很难保证监听的准确度，所以多采用监听耳机，以避开现场噪声干扰。

（四）后勤保障

有一定实力的广播节目制播机构，其室内录音场地、设备和工作人员都有可靠的保证，节目录制可以按部就班地进行。室外录音要注意选定人员，保证录音器材和交通工具，各方面的配合要积极到位。对于较大型的

活动，录音准备工作要提前数小时完成，并进行前期测试。

三、室内录音与室外录音的不同操作与注意事项

室内录音与室外录音在环境、设备、人员等方面都有所不同，在录音质量上要求也就不同。

室内录音多是播音和嘉宾谈话等，缺乏新闻事件的现场感，信息量十分密集，要求声音一定要响亮清楚，对录音质量要求高。

室外录音的环境往往嘈杂，设备也很难到位，但室外的现场感很强，即使声音有一些嘈杂，对节目质量并没有多少负面的影响，所以录音质量要求也不如室内录音严格。

（一）试录

室内录音虽然设备安装齐全到位，但每次录音的对象和具体要求可能不同，一定要坚持试录，做到心中有数并找到最佳的录音效果。实践中录音工作人员要提前到位，打开所有设备并进行检查。

室外录音准备时，也要提前、尽早安装设备，对到位的设备进行检查，不放过任何诸如调音台、录音机、功放机、话筒、磁带、光盘、连线、接头等设备。确定从话筒到调音台、录音机的线路畅通，电平合适，确认监听准确无误，检查试听、试录效果。

（二）大型活动的室外录音

此类录音要提前确定录音方案，是现场合成全部声音，还是单独记录若干声音后，再进行后期合成。大型活动的室外录音还应做好突发情况的处理预案，避免临阵紧张、手忙脚乱。大型活动使用设备器材多，为保证录音的顺利进行，在现场要注意防止无关人员的干扰或设备的意外损坏（防止孩子和动物接触设备），小心固定好各条连线的关键部位。

（三）外出采访录音

此类录音是设备简单、环境多变、人员不充分的室外录音，操作中应该注意以下几项。

（1）要检查好外出携带的设备。虽然采访设备不多，但外出采访往往人员少，缺少协作，遇到困难没人帮忙，最好带足录音机、耳机、磁带、光盘、电池等，以备不时之需。

（2）要尽可能多地在现场录音。外出采访不可重复，而现场很难判断哪些素材重要，稳妥的做法就是在现场尽可能多地录声音素材，避免漏掉重要部分。

（3）录音完毕后要及时检查、确认。录音的同时往往来不及监听，即使监听也不完全可靠，现场录音完毕后一定要对素材进行检查，确认录音效果满意才算完成工作。（离开现场之后发现问题将很难补录）

（4）要采用高灵敏度的话筒。外出采访以录音清晰、响亮为准，采访时要使用灵敏度高的话筒（或灵敏度高的录音机），录音中的瑕疵可以在后期处理。

（5）要保证录音质量。要尽可能寻找安静、避风的场所，最大限度地保证录音质量，为后期工作打好基础。

第三节 录播节目与直播节目

广播节目是经过声音素材采录、筛选、处理、制作等环节形成可以播出的节目以后，再在适当的时间予以播出。传播内容的发生时间和听众接收到的时间不是同步的，也就是说先发生了事实，再经过一定时间以后，有关信息才传播给听众。这种形式的节目就是录播节目。即先记录素材，经过若干制作环节再播出。随着传播技术的不断发展，特别是卫星传播技术的成熟和推广，使跨地域、远距离、同步传播新闻事实，即直播成为可能。直播节目就是在新闻发生的现场，把声音即时转换成电子信号，利用电缆、短距离无线传输或人造卫星，向广大的区域同步播送有关现场声音。由于电波的速度很快，可以认为接收到的声音与现场的声音是同时发生的，把新闻的时效性发挥到了极致。近年来，直播节目虽然有发达之势，但录播节目与直播节目各有优劣，不可能互相代替。在节目的传播过程中，录播节目与直播节目借助的设备器材不同，操作程序也不同。

一、录播节目与直播节目现状

在我国广播传播的历史上，大多数节目是录播的。20世纪80年代中期以后，随着广播节目制播器材的不断更新和社会经济的发展，直播形式逐渐兴起，特别是20世纪90年代中期以后，在自制节目中，直播部分的长度很快超过录播部分。当前，无论是中央级广播媒体还是地方广播电台，新闻节目、服务节目、热线电话节目、谈话类节目等，基本上都通过直播方式传播，自制节目中只有专题节目、记录节目、知识性节目、广告节目等还主要通过录播方式播出，但时间长度较前者短。

另外一种值得注意的现象是，有一些大型的广播节目播出的主要形式是直播，但也会在直播的过程中穿插录制的短节目或片段、广告等，使直播节目变得不再纯粹，实际上成为混合播出节目。

二、录播节目与直播节目的主要类别

(一) 专题录播节目

专题录播节目是从录制的角度与直播节目相对应的分类,并不仅仅指新闻学意义上的专题节目。专题录播节目是先录音,再对录音进行制作,然后播出的专题节目。专题录播节目涉及素材较多,制作过程也比较复杂,最常见的是广告节目,而制作最长也最复杂的是广播剧节目。

(二) 新闻录播节目

一些地方广播电台还有少量的新闻节目采用录播的方式。新闻录播节目与专题录播节目的主要区别在于:前者的素材种类要少一些,制作也相对比较简单,但时效性更强。

(三) 新闻直播节目

新闻直播是当前广播节目直播最主要的部分,具体包括新闻联播节目、晚间新闻节目、早间新闻节目、民生新闻节目等。往往一天之内,多个频道反复重播,都称为新闻直播。新闻直播是各广播电台集中播音员、录播设备、技术人员最多的地方,在广播节目中起着举足轻重的作用。新闻直播是广播节目工作的核心,一般都得到高度的重视。

(四) 谈话类直播节目

谈话类直播节目即两个人以上的对话声音直接从现场同步传播的节目。从现场录音与效果保证的角度来说,这类节目很复杂,难度也很大,应该得到技术、设备与专业人才的充分重视与支持。

(五) 热线电话节目

热线电话成为节目就是直播的直接结果,在对话人数上与谈话节目类似,但不属于面对面的交流,场面控制差异明显。

三、录播节目与直播节目的基本流程

(一) 录播节目

录播节目的流程见图 2-1。首先,对节目进行具体的策划以后收集声音素材。声音素材包括:现场声音,可能是采访对象的声音,也可能是现场记录的其他人声;效果声音,原则上是现场记录的人为或自然的声音,也允许一定的模拟效果声；音乐声音，除了原创之外，可以收集合适的音乐资料。这些音乐资料的存储介质可能是唱片、磁带、光盘、数字化音频文件等，要注意播放设备的兼容性，文件格式，连接方法等，保证收集的素材可以与即时采录的素材互相兼容，共同编辑到节目中去。其次，对录播节目还要进行编辑，依据节目的构思把收集的声音素材挑选、连接、处理，最终合成为适宜播出的声音节目。当前专业广播媒体都实现了广播节目录制的数字化。

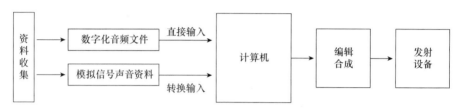

图 2-1　录播节目流程示意图

（二）新闻直播节目

新闻直播节目的最大难点在于对节目内容的准确播音，而且它对传输技术、设备的要求也十分严格。做好新闻直播可以为其他更复杂内容的直播奠定坚实的基础。新闻直播节目的声音，一般包括片头音乐、片尾音乐、新闻现场声、主持人播音等。新闻直播节目要在专业的直播室进行，基本环境设施如同专业录音室。新闻直播节目需要专业人员协作完成，一般包括导演（很多电台不用导演）、主持人（常用播音模式）、导播人员（负责声音切换）、发射技术人员。新闻直播节目的主要器材有话筒、调音台、监听耳机、音箱、延时器、发射设备与天线及其他配套设施（见图2-2）。

在设备完整配套的情况下，新闻直播流程并不十分复杂。但直播节目是播音与接收严格按照时间顺序同步进行的，播音内容首先要保证句句适当，传输过程也要保证时时通畅，不能有任何间断和其他问题，否则直接影响节目收听，没有挽回的机会。

图 2-2　直播节目流程示意图

室外的大型活动直播节目，通过卫星传输的远距离多点联合直播节目等，基本传输思路和设备与新闻直播节目差别不大，但技术和设备的要求都更高，所需相关设备更多、更复杂，协调和配合的工作量更大，有关人员要经过长时间的实践训练才能够胜任工作，在此不做详细介绍。

第四节 声音蒙太奇基本原理

蒙太奇本来是法语中建筑学的词汇，后来借用到电视节目编辑中，指电视画面的剪切组接技术或思想。所谓声音蒙太奇，指的是声音的剪切组接，音质的相应变化，音量的调整等声音编辑技术和有关思想。在剪切组接方面声音编辑比画面编辑简单一些，但声音节目的编辑具有自己的特征，并不仅仅局限于剪切组接。本节依据声音的特征，介绍基本的声音蒙太奇编辑知识和技能。

一、声音蒙太奇的基本含义与要求

广播节目完全由声音组成，声音不但要表情，还要达意，声音的编辑要保证基本信息的连贯，形成完整的语言叙述链。电视节目也包括声音，但一般只对画面起补充作用，基本信息传递依靠的是画面，声音的编辑主要是配合画面进行。

（一）声音蒙太奇的基本含义

声音蒙太奇就是对特定节目的所有声音素材进行符合创作目的的编辑和处理。虽然经过听者的联想，声音也可以表达人的动作行为和其他丰富的动感形象，但这些毕竟都属于心理感受，而不是亲眼所见，连续的过程感差。所谓连续的过程感，是指声音对听众而言是一个连续的感觉过程，但这种连续的感觉过程很容易被打断，这就要求不能出现因编辑瑕疵而造成声音的中断。声音蒙太奇首先要保证叙述的完整性，消息类节目要编辑完整的播音素材，在适当的位置插入现场声音；专题类节目的各个部分要连贯，编辑时要注意起承转折，无论是播音还是现场声、效果声，都以保证基本叙述脉络的清楚为标准；广播剧类节目以虚拟的现场声为主来连接整个剧情，编辑时的主要任务是判断这种虚拟现场声的剪接点，旁白类的声音只起到补充作用。

（二）声音蒙太奇的基本要求

广播节目要凭借声音实现信息传递、情感抒发、形象塑造等功能，其实质在于实现作者的创作意图。作为表情、达意工具的声音流，无论在听觉上、情感上，还是真实性上、风格上，各个组成部分都必须形成一个有机的统一体，这就是广播节目编辑对声音蒙太奇的基本要求。

播音要根据节目内容表现得或沉稳或活泼、或冷静或抒情；现场音声和效果声音最好在新闻现场录制，以保证真实，如果不是现场录制的声音，则应符合新闻事实情况并保证真实感；音乐以根据节目主题原创为佳，不能原创的时候，要选用符合主题的乐器和乐曲。在一个节目中，语言、音响、音乐三种声音不可能平均使用。在以播音为主的时候，根据节目内容穿插现场声，音响要在需要烘托气氛或加强现场真实感的位置使用，音乐也要符合主题的要求。在现场声音组成节目基本内容的时候，其他播音、音响、音乐则要适当地配合使用。

二、各种声音的编辑要求

（一）语言的编辑要求

广播节目中的语言包括播音和现场声音，这两种声音的性质、地位和作用不同，编辑规律也不同。

播音的主要作用是传递重要信息（包括事件、人物、过程、背景等），阐述思想（包括评论、分析等），抒发感情，结构连接等。在消息类节目中，播音部分往往占全部声音的绝大部分，在其他节目中播音也不可缺少。由于播音是播音员在演播室播出，准备工作从容、充分，所以播出的声音清晰、稳定，可删除更改的地方一般很少。编辑实践中，对于主要由播音构成的节目，可以把播音作为基础，将其在音轨上打开，然后调整音量，删除播音过程中的瑕疵（错误、口误、停顿、意外杂音等）。做完以上处理之后，作为基本声音，必要的时候要在其中穿插现场声音，在其他音轨配上音乐和音响。

现场声音在揭示人物内心思想情感方面具有不可替代的作用，一些不便由第三者介绍的信息最好由现场人物自己说出来，以增强信息的可信程度。在编辑实践中，应该注意以下几点。第一，在听觉上，较长的节目里适当穿插现场声，可以增加感觉的丰富性，打破单一播音的单调感，有利于把听者的思绪带到新闻现场。第二，现场声音绝大部分在新闻现场录制，由于环境的限制，素材里瑕疵较多，编辑时要注意认真剔除。第三，采访对象的谈话内容往往较多，有时相当冗长，要根据主题对其进行筛选。第四，为了使节目听上去顺畅、平稳，在一段现场声音的开头和结尾可以使用淡入、淡出的方法，使音量变化平滑。第五，如果现场声音在节目中不是主声音，可以把它放在一个单独的音轨上打开，编辑之后再往主声音里穿插；如果现场声音本身作为主声音，就可以在编辑以后作为基本声音，把播音穿插在适当的位置。

（二）音响的编辑要求

由于音响一般只起辅助作用，编辑的时候要注意其从属地位和音量，要在适当的地方穿插。为了避免混淆，音响应在一个单独的音轨上编辑。

（三）音乐的编辑要求

广播节目中的音乐在不能原创的情况下，则要选择与节目主题相符、能够起到加强表现效果的音乐。在具体编辑工作中，要在一个单独轨道上打开音乐，以方便对音量进行处理。一般来说，作为底音的音乐，音量在主声音电平的三分之一即可，段落的首尾需要把音量淡入、淡出。

第五节 声音编辑与合成

当前，音频资料的编辑处理基本上已经实现数字化。模拟编辑设备的使用局限于一些资料的播放与复制。本节以数字化编辑设备，即非线性编辑设备为例来介绍声音编辑与合成的操作，不再涉及线性设备。

一、数字化编辑概述

（一）数字化编辑基本设备

在当前专业声音节目录制机构，数字化编辑设备是以数字音频工作站的形式存在的，具有综合采样、处理、合成、输出等功能，相应的硬件设备包括输入的拾音器材，监听的音箱或耳机，录音的录音机或计算机，处理（包括合成）声音的专门工作站或配有适当硬件、软件的计算机，以及其他配套的附属器材。

（二）声音素材来源

数字音频工作站可以对声音信号直接采样记录，但只适用于室内录音的场合，包括媒体的室内录音节目和音乐会的录音等。还有很大一部分音频资料是无法直接记录进数字音频工作站的，这些资料一部分是记者外出采访获得的声音素材，可能是数字信号素材，也可能是模拟信号素材；另一部分是以往的声音素材，可能包括几十年前的素材，都必须通过转换（甚至不只转换一次）声音记录模式，才可以存储进数字音频工作站。

（三）数字化编辑的基本功能

数字化编辑设备的组成有简有繁，功能有多有少，从简单的人声编辑到大型的音乐制作，都可以借助数字化编辑设备完成。在所有可以实现的功能里，有一些基本功能是复杂功能的基础。在配备合适硬件设备的情况下，编辑功能由软件操作来实现。虽然不同软件的功能和实际操作区别很大，但都要由基本功能做起，这些基本功能原理相通，可以触类旁通。

1. 音频素材管理

音频素材管理包括素材输入、存储、检索、输出等。数字信号音频文件可以直接输入计算机，以文件形式存储，专业软件编辑时通过软件扫描读取，即可进入编辑状态。模拟信号音频，即话筒传出的音频信号或其他模拟播放设备传出的音频信号，要通过模拟到数字的转换，生成数据文件来存储，具体操作称为"数字录音"，把模拟信号接入 A/D 转换器（声卡），借助录音软件进行数字录音，生成数据文件。一台计算机音频数据存储量的大小取决于硬盘容量，而存储文件的多少还与文件的数据量大小有关。同样时间长度的音频文件，无压缩或压缩率低的格式的文件占空间大，反之则占用空间小。专业标准的音频文件应该用压缩率低的格式；一般欣赏的音频文件用压缩率高的格式，以便节省磁盘空间。

2. 音频素材的基本编辑

广播新闻材料的编辑处理：首先是声音编辑，包括删除杂音、删除多余的声音、声音位置调换；其次是音量调整，既可以静态调整素材音量，也可以动态调整。借助音频编辑软件，一般声音编辑可以精确到毫秒。

3. 音频合成

音频合成即多层声音合成，可以设计各层之间的时间位置、音量，特别是动态的音量变化，借助音频编辑软件，把若干层声音合成一个声道输出。

4. 效果添加

效果添加是声音编辑的更高层次处理，主要包括三个方面：一是降噪处理，包括底噪声、爆破音等；二是音量、声像处理；三是混响、滤波效果添加等。

二、Adobe Audition（CS6）编辑软件功能介绍

（一）Adobe Audition（CS6）编辑软件

无论是专门的数字音频工作站还是组合工作站，最初采用的都是国外的编辑软件，但我国的一些专业公司很快就开发出了适应我国广播节目实际状况的软件，如既专业又不太复杂的 LINK 2000 等。此处介绍的 Adobe Audition（CS6）并不是国产软件，其功能也比较复杂，但在用作一般广播

节目录制时，只使用其相应的功能，并没有太高的难度；而需要使用比较复杂的功能时，也不必更换软件，所以其具有宽泛的适用性。目前，在我国广播业实务中 Adobe Audition（CS6）的使用很广泛，特别是汉化版本，操作起来没有明显的语言障碍，为许多专业制作机构和业余爱好者所推崇。

（二）Adobe Audition（CS6）编辑软件的基本操作

打开软件之后，在界面上并不能立即看到素材，需要找到存储的素材文件并打开，扫描完成之后，素材才能以波形的形式显示。Adobe Audition（CS6）设有单轨和多轨两个编辑界面。单轨编辑界面显示的文件即进入编辑的预备状态，可以播放监听，对其进行剪辑、修改。在编辑的过程中，可以打开一些特定的效果添加在文件上以改变音色。多轨编辑界面是为音轨合成而设的，独立音轨编辑完成之后，所有音轨可以合成在一起，再输出成新的单轨文件。

如果编辑的时候需要输入模拟音频信号，在打开软件之后，无论单轨界面或多轨界面都可以先把声音信号记录下来存为数据文件。下面介绍一些软件操作中的重要概念。

1. 声音素材

在计算机中，声音素材是以一定格式编码的数据文件，通过编辑软件的读取，借助 A/D 转换器（声卡），这些数据文件可以还原为声音。编辑的时候，实际上处理的是数据，声音质量不会因为素材的使用而衰减。

2. 工程（也译为"会话"）

工程的本来含义是按照一定的技术程序，利用原材料建设符合特定目的的成品。在 Adobe Audition（CS6）编辑软件中，工程含有比拟性的意义，指的是利用声音素材（或录入素材之后），进行一系列编辑并完成声音节目的过程。创建一个工程即要开始一个独立的声音编辑工作，保存一个工程亦即保存刚刚进行的那个独立的声音编辑工作，此后还可以打开继续进行编辑。需要注意的是，保存工程实际上保存的是若干编辑命令，如果用于编辑的原声音素材丢失或移动，工程文件就无法再打开了。

3. 轨道

编辑软件的界面上，横向排列的一道道狭长独立的条状图形即轨道，对应在轨道上方的屏幕边沿，有自左至右排列着的时间显示区域。声音素材打开之后，以声音开始的位置为零点对应在选定轨道的左端，以播放时间为序向右延伸。利用轨道显示的方式，不可见的文件就转换为可见的条状图形，方便编辑操作。

4. 多轨界面与单轨界面切换

编辑过程中,有时要对一路声音进行独立操作,有时又要把多轨声音放在一起编辑或合成,但显示界面只有一个,多轨界面与单轨界面进行切换就解决了这个问题。切换的方法是单击屏幕左上方的波形或多轨混音切换按钮。

5. 波形文件

声音素材打开以后,显示在轨道上,其形状就是上下对称的波浪图形,简称波形。波形在横向的延伸代表时间,纵向的延伸代表振幅,亦即音量的大小,如果波形变为一条直线,就没有实际声音信号了。在波形代表的声音长度不变的情况下,可以横向放大,延长同样时间长度对应的屏幕空间,方便对波形的精确选择和处理。延长波形的方法有两个,一是单击屏幕左下方的放大按钮,二是拨动鼠标上面的滑轮(限于单轨界面)。

6. 多轨选定

在多轨编辑界面,可能有很多打开的波形文件,对若干文件同时进行编辑是不可能的,要对哪个轨道、哪个波形文件、哪一部分进行编辑,必须首先确定这个特定的轨道、文件或特定的部分,这就是选定的含义。选定轨道、波形文件的方法是鼠标左键单击其标题位置;选定部分波形的方法是按住鼠标左键从选定的初始点拖动至结束点放开,时间线走过的部分会变亮,代表选定该部分。

7. 时间线与选定块线

时间线是一条垂直于轨道的直线,播放的时候向右移动,显示声音播放的位置。选定的波形区域有头尾两条垂直线,每条线对应的时间点和两条线之间的时间长度在选择查看窗口显示。时间线、选定区头尾线可以很直观地显示选定声音的位置,这在编辑时非常重要。

8. 音轨合成

音轨合成在多轨编辑界面完成,不同的素材在编辑时一般放在不同的轨道上,以便进行复杂的操作。编辑完成之后,要把所有素材和添加的效果混合在一起,即把多轨道合成单一轨道,作为一路声音输出或存储记录。合成后的声音也可以再作为素材使用。

9. 信息交换

数字音频工作站是一个开放的系统,通过适当的数据线连接,在系统可以兼容的范围内,内部数据文件、模拟声音信号可以输出到其他设备,其他设备里的数据文件、模拟声音信号也可以输入到数字音频工作站中。

特别是声音控制系统，它可以把声音信号输出到特定效果设备，并把效果声音接收回来，可以实现效果声音的同步添加和传输。

（三）一般节目录制过程操作步骤

1. 打开"文件"

在声音播放界面上可以看到"文件"选项卡，如果需要打开以前存储过的音频文件，即可以单击"文件"选项卡，出现下拉菜单，在其中找到文件并打开。窗口的左边部分会显示打开的文件的名称，双击要打开的文件的名称，即在声音轨道上显示出声音波形文件，按键盘上的 Enter 键或单击界面左下角的"播放"按钮，即可播放声音内容（见图 2-3）。

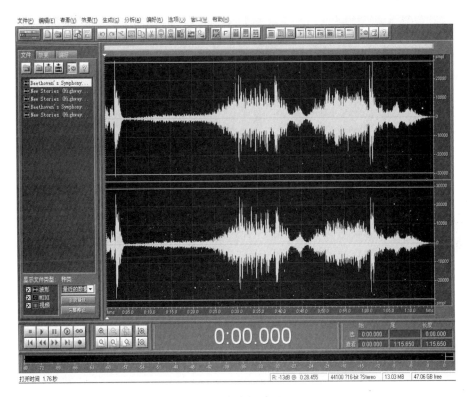

图 2-3　声音播放界面

2. 输入素材

素材包括数据文件和模拟信号的磁带、唱片甚至更早期的留声机资料。如果是数据文件，可以直接引入软件进行编辑，或者改变一下文件格式再引入；如果是模拟信号的磁带等，则必须转换成数据文件，可以通过声音采样将模拟信号转换成数据文件。

声音采样是通过数字音频工作站直接获取声音，在话筒等设备接入的情况下，利用软件采集素材。打开编辑软件，显示如图2-4所示素材输入界面，在此界面采样操作步骤如下。

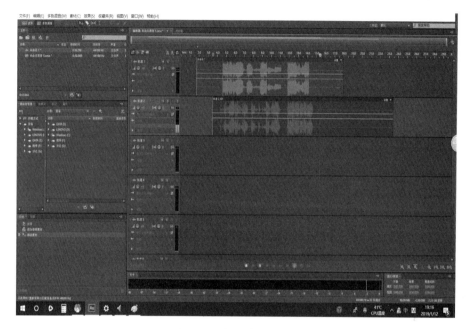

图2-4　素材输入界面

（1）单击"文件"菜单，选择"新建工程（会话）"命令。新建工程之后会出现多轨编辑界面，也可以直接单击左上角的"波形轨道切换"按钮，进入多轨编辑界面。

（2）选定声音录入的轨道，单击轨道左端的R按钮，按钮变红，表示进入预备状态，声音会记录在此轨道，也可以同时选择多个轨道。

（3）音量调整，输入的声音音量可以在界面下边显示，如果要调整音量，右击轨道左端的VO按钮，出现声音调整对话框，滑动音量按钮即可调整。

（4）录音开始，单击界面左下角的录音按钮（红色原点），在选定的轨道上会出现不断延长的波形，这就是输入的声音文件。

（5）保存文件，保存文件界面如图2-5所示。声音虽然在轨道上显示，但保存之前还没有记录入计算机硬盘。要保存文件，需要先单击左上角"文件"菜单，选择"另存为"命令，为刚采样的文件指定存储路径，起好名字，单击"保存"按钮即可。多轨编辑界面如果选择了多个声道，文件保存会逐个进行，需要保存的时候，逐轨道单击。

（6）保存工程，方法与保存文件基本相同，但可以保存工程操作信息，再次打开的时候是工程被保存时的情况。

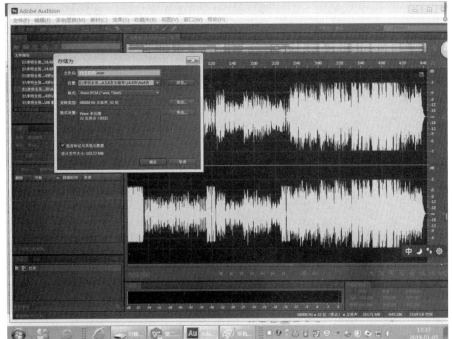

图 2-5　文件保存界面

3. 剪切、删除波形文件

剪切、删除波形文件是音频编辑软件的基本功能，Adobe Audition（CS6）编辑软件剪切、删除波形文件的主要操作步骤如下。

（1）运行软件，打开准备编辑的文件或工程，在轨道上显示波形文件。

（2）在单轨编辑界面，先播放文件，寻找需要剪切的位置起点，再播放找到剪切的位置终点，按住鼠标左键从起点拖到终点选定要剪切的区域，该区域的颜色会改变。

（3）如果需要剪切的部分很短，或为了精确剪切，可以放大波形，方便选定起点和终点位置。单轨编辑界面可以直接用鼠标或缩放工具放大波形，多轨编辑界面可以用缩放工具放大，也可以切换到单轨处理。

（4）选定一段需要处理的波形之后，按键盘上 Delete 键删除波形，也可以像删除一般文件一样进行删除操作（见图 2-6 和图 2-7）。

图 2-6　多轨波形删除界面

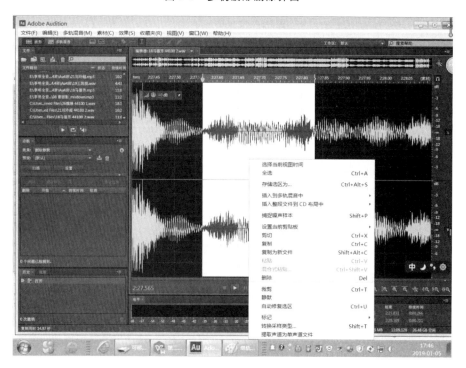

图 2-7　单轨放大删除界面

4. 声音移位

部分声音的移位操作和声音删除的方法类似，在选定需要移动的部分之后，予以剪切，然后找到需要插入的位置，将时间线移到此处，粘贴剪切的部分即可（如果选择混合粘贴，声音将混合在一起）。另一种声音移位的方法是，选定移动部分之后，按住鼠标右键拖动选定区域到指定位置即可。

5. 多轨合成

多素材的编辑任务完成之后（也可以在任何必要的时候），要把编辑的全部声音，包括添加的效果形成独立的文件或输出。如果以模拟音频的形式输出，首先要用数据线连接其他设备，播放输出即可。如果要以数据文件形式输出，则要首先合成为一个文件，打开"文件"下拉菜单，执行"输出—多轨混缩"命令，所有波形即混缩为一个文件，然后可以输出全部文件。也可以仅输出选定部分。

所有声音编辑软件的基本功能都相似，但声音的进一步处理功能区别很大，操作简易有别。

以上对 Adobe Audition（CS6）的功能介绍肯定不能解决实际操作中的全部问题，限于篇幅，在此不做详细叙述。读者可以把一般计算机操作知识技能应用到声音编辑软件的操作中来，也可以在以上基本知识的基础上探索学习。

第六节　特　技

在声音的录制过程中，录制人员可能会利用各种各样的设备对记录下来的声音进行处理，有一些处理效果可以在录音时添加，也可以在后期编辑时添加。经过处理的声音与原始声音相比可能会有明显的不同，如变调、混响，也可能并无明显不同，如降噪、音高调整。哪些处理可以称为声音录制的特技，并没有一个统一的认识。本节对特技的理解是较宽泛的，即只要采用了最直接的录音以外的任何手段来控制音质，都称为特技。特技中有一种有意模糊真实声源的处理，在广播节目的录制过程中，这种处理具有特殊的意义，称为变音。

声音处理特技既可以利用特定模拟器材添加实现，也可以借助编辑软件，两者的效果区别并不明显。在新兴的音响处理机构和个人工作室，软件完全代替了传统模拟器材。虽然两者使用的设备不同，但操作规律相同。本节以数字化操作为例进行介绍，模拟设备的操作可以此作为参照。

一、降噪

在理论上，录音、还音过程中完全没有杂音是不可能的，广播节目的录制因为设备、环境、人为等因素，多少都会存在噪声。这些噪声会在不同程度上影响节目质量，需要借助技术手段尽量消除。噪声具有自己的频率、音量规律，利用编辑软件的降噪功能，可以消除大部分噪声。对于频率规律性强的噪声，如设备噪声，降噪效果好些；对于环境声、人声等噪声，因为规律性差，降噪效果差些，操作也更烦琐。

（一）持续性设备噪声消除

音频电子信号要通过各种设备记录和传输，设备运行中产生的电磁干扰必然会混入其中而被记录下来，这就是设备噪声。一般来说，设备安装完毕后，如果运行稳定，则其噪声也是稳定的。这种稳定的噪声适合采用采样降噪的方法（见图2-8），选定部分有代表性的噪声波形，以其为标准进行消除操作，具体步骤如下。

（1）选择噪声波形。运行Adobe Audition（CS6）软件，打开需要降噪的波形文件，仔细挑选出一段纯粹噪声的波形，予以选定。

（2）采样。打开"效果（S）"下拉菜单，执行"降噪（N）/恢复"→"捕捉噪声样本（C）"命令，单击采样，之后关闭窗口。

图2-8 采样降噪界面

（3）降噪。选择整个需要降噪的波形文件之后，再打开"降噪"窗口，打开"降噪恢复"对话框，调整"降噪（程度）和降噪依据"的数值，单击"播放"按钮，预听效果，如果感觉达到了最好效果，则单击"应用"按钮，采样降噪的操作就完成了。

注意：如果噪声很长，里面又没有包含有用的声音，可以直接删除噪声部分。

（二）爆音消除

爆音是指设备传输过程中因为接触不稳定而导致的突发杂音，或者环境中的突发爆响。这些杂音与持续性设备噪声的区别在于，前者短暂且频率不稳定而后者稳定。这些不稳定的爆响打乱了声音的规律，可以被软件识别并消除，具体步骤如下。

（1）打开爆音消除界面。运行 Adobe Audition（CS6）软件打开"效果（S）"下拉菜单，选中"诊断（G）"→"咔嗒声自动移除"工具，打开界面（见图 2-9）。

（2）设置参数。要消除短暂的爆音需输入"阈值"和"复杂性"两个参数，具体数值以素材的实际情况为准。

（3）试听之后，如果对效果满意，单击"应用"按钮，即可以把修改效果保存下来。

图 2-9　爆音消除界面

（三）喷气声消除

进行人声录音时，由于讲话人控制气流的经验不足或对一些发音特殊的字如"扑""思"等掌控不准，会出现喷气声。这些杂音的频率不高，可以利用软件的频率均衡功能消除，基本方法是降低低频的音量，具体操作可以参照本节"均衡"部分的相关知识，此处不再详述。

Adobe Audition（CS6）还提供很多种音色改变或声音净化、美化的工具，并且自带很多模板，方便在实际工作中使用。

二、变音、变调

在对原始声音素材进行编辑的时候，一般来说是追求声音完美再现或尽可能予以美化。但在个别情况下，如不便透露真实声源或跑调的时候，要有意改变音调；或在编辑后的声音长短不符合节目长度要求的时候，要改变声音长度。这些都要用到变音效果，即延长或缩短声音，变调效果即改变声音音调（见图 2-10）。

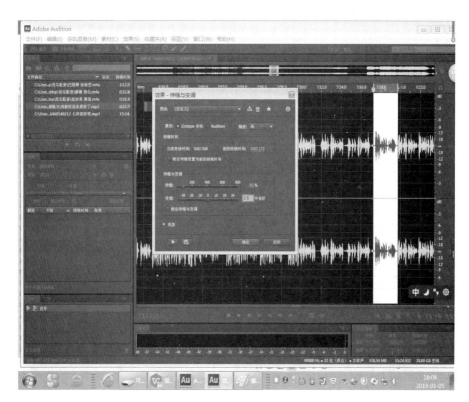

图 2-10　变音与变调操作界面

变音效果和变调效果在 Adobe Audition（CS6）软件中有一部分相同的处理步骤。运行 Adobe Audition（CS6）软件，打开"效果（S）"下拉菜单中的"时间与变调"工具，打开"效果-伸缩与变调"对话框（见图2-10），可以找到改变声音播放速度的"伸缩"工具和改变音调的"变调"工具。

（一）变音处理

变音处理即延长或缩短声音。要想改变声音播放长度，在"伸缩"工具中输入对应的百分数即可，大于100％是变慢速度延长声音，小于100％是加快速度缩短声音。

（二）变调处理

打开以上窗口之后，根据实际需要，输入、设定音调参数，正数为升调，负数为降调。

（三）声速和声调同时改变

降调会把声音拉长，升调会把声音缩短。如果不想改变声音的原始长度，或者想要其他效果，可以在伸缩和变调中选择一个进行改变，也可以同时改变。

声音播放速度的改变要在一定的限度之内，否则声音的真实度、清晰度就无法保证。

三、淡出、淡入

广播节目的声音由多个独立的声音组成，在特定的时间，比如段落的开头或结尾，可能需要某个声音以渐起的方式加入或渐落的方式退出，这就要利用"淡出、淡入"功能，即渐变的功能。

Adobe Audition（CS6）有两种方法可以实现"淡出、淡入"操作。

第一种方法：运行软件，选定素材，打开"效果（S）"下拉菜单中的"振幅与压限——淡化包络"工具，弹出"动态改变音量"对话框，同时音量包络线会显示在选定素材的波形上，在包络线上设置关键帧并拖动，就可以设定淡入或淡出，设定完成后单击"应用"按钮，音量的动态改变就实现了。

第二种方法：在多轨编辑界面，每一个轨道中间都有一条音量包络线，在包络线上设置关键帧并拖动，具体操作与第一种方法类似（见图2-11）。

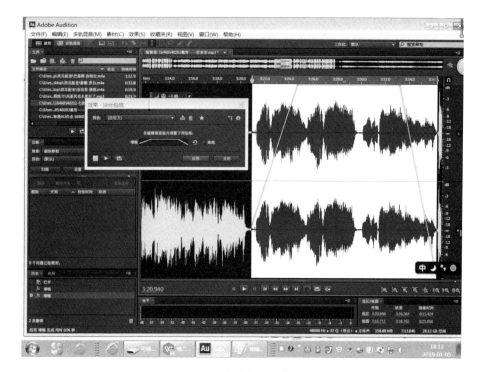

图 2-11 音量包络线界面

四、均衡

均衡是对声音特定频率段的音量设置。在声音编辑软件的均衡器界面上，一般用一个设有纵横两轴的窗口显示均衡状态，横向表示声音的频率，从十几赫兹到两万赫兹，纵向表示音量大小，从负十几分贝到十几分贝。均衡处理即对某一频率段波形的音高进行调整。从最基本的效果来看，低频率段的音量加高，则声音浑厚，高频率段的音量加高，则声音尖锐。在实际工作中，可能为了追求音质调整某个频段，也可能是因为录音时某频段声音太强或太弱，需要减弱或加强。有的编辑软件自带功能强大的均衡器，而有的编辑软件需要安装相应的效果插件。此处介绍的均衡处理是 Adobe Audition（CS6）软件单轨编辑界面的情况。

Adobe Audition（CS6）软件提供多个均衡工具，此处介绍最直观的一个图示均衡器——"效果-图示均衡器（30 段）"，如图 2-12 所示。其他均衡工具与此类似。

运行 Adobe Audition（CS6）软件，单击"效果（S）"下拉菜单，单击"滤波与均衡-图示均衡器"命令，进入"效果-图示均衡器（30 段）"界面（类似推子群的界面），该界面设置有从 30 Hz 到 25 000 Hz 共 30 个频段,推子默认位于中间的、原始音量为"零点"的位置。根据实际工作需要,可以拖动各个频段的推子到不同的音量调节点,实现各频段音量的均衡。如果要精确设置各频段音量,也可以在各频段下方直接输入数值。

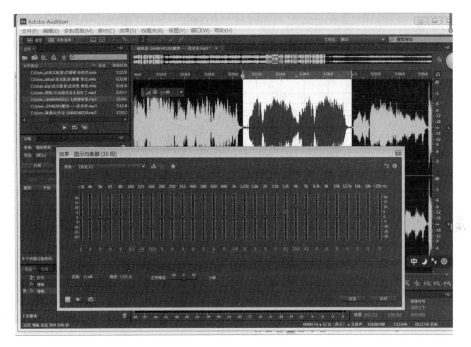

图 2-12 "效果-图示均衡器(30 段)"界面

五、混响

混响是对特定环境声音的模拟,包括空间大小、障碍物情况、四壁反射率等,在主声音发出之后,不同的环境会产生不同的混响音与主声音合并传播。混响效果器的功能是通过软件虚拟有关参数,生成某种环境的混响效果。

混响是美化声音的重要手段,对于新闻节目来说,混响时间和强度不能过长、过大,特别是混响时间,两三百毫秒以内即可。混响过长,声音会混沌不清,不符合新闻节目要求。而音乐节目则可以添加更长时间的混响效果,以增强音乐的韵味。

Adobe Audition(CS6)软件提供的混响效果器有"大会堂混响""完美混响""房间混响"等,主要参数有:混响时间,即混响声音持续的时间;混响强度,即混响声音的多少;反射率,即反射面反射主声音的比率;空间大小,即发声体所处空间的体积和宽窄比例;频率控制,即高频声音保留的程度;干湿比例,即原声和添加的效果声的比例。实际工作中，可根据声音效果要求适当调整参数（见图2-13）。

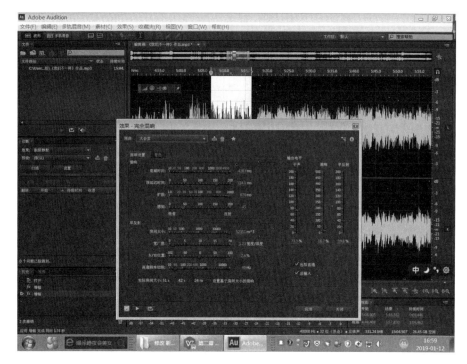

图2-13　大会堂混响效果参数

　　以上介绍了几种比较常用的声音处理方法，一般的编辑软件都具有这些功能，或者需要安装相应插件。所有这些功能并不是孤立使用的，它们共同服务于节目，使用哪种特技的依据在于原始声音素材的具体情况和编辑的目的。一般人声节目消除噪声就足够了，而音乐节目的制作可能要求添加更多的效果以美化声音。如果录音时已经对声音进行了美化处理，那么后期编辑就简单。相反，如果录制的声音很差，那么编辑时工作量就大些。若素材录音已经混合完整，编辑时的合成工作就简单些；若素材是独立的若干个声音，编辑时的合成任务量就大些，其中的特技使用也相应多一些。

🛈 小贴士

　　声音编辑技术操作固然重要，但更重要的是对声音的感受能力。所有技术行为的最终目的都是得到完美的声音作品，如果不能感受声音细微变化的不同效果，就不可能精确设置有关编辑参数。

第三章
电视非线性编辑

 本章导读

用非线性编辑系统制作节目，首先要改变在线性编辑中养成的工作习惯和固有观念。线性编辑设备是由一系列单项设备组成的设备群，视音频信号的制作建立在熟悉各个单项设备操作的基础上，依照编辑脚本的要求，按照各路信号的先后顺序，将其依次编辑输出。而非线性编辑系统实质上是一个扩展的计算机系统，是以文件为操作基础。对非线性编辑系统的一切操作都要符合计算机的操作规范。

电视非线性编辑流程如图 3-1 所示。

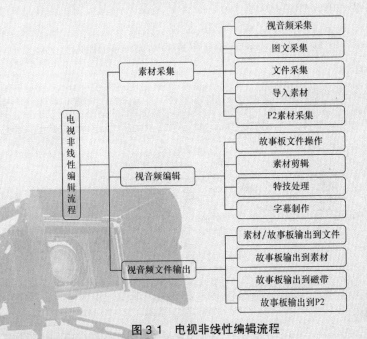

图 3-1　电视非线性编辑流程

第一节 素材采集

一、素材来源

适合非线性编辑的素材来源按不同素材内容分为视频素材、音频素材和图像素材三种。按素材存储和处理方式不同，可分为模拟素材和数字素材。

二、非线性编辑系统中视音频素材采集的方法

采集是非线性编辑系统中获取视音频素材最常用的方法。所谓采集，就是从摄像机或录像机等视音频源获取视音频数据，通过视音频采集卡接收和转换，将视音频信号保存到计算机硬盘中，再通过数据库对这些资源统一管理并编辑使用。

（一）视音频采集

目前很多非线性编辑软件（如大洋 D^3-Edit HD 非线性编辑系统）都提供了对视频源设备的帧精度遥控采集，为了满足不同编辑人员的需求，除了支持传统的硬采集、打点采集和码单批采集功能外，还增加了快编采集、定时采集功能，采集过程还提供了按场景内容自动检测、设置标记点、设置切点等辅助功能，极大地方便了对视音频素材的采集。下面以大洋 D^3-Edit HD 非线性编辑系统为例。

1. 认识视音频采集界面

在主菜单中选择"采集"→"视音频采集"命令，打开"视音频采集"窗口。本书将依照预览窗、VTR 控制、采集方式选择、采集控制按钮的顺序全面介绍视音频采集界面及其实现的功能（见图 3-2）。

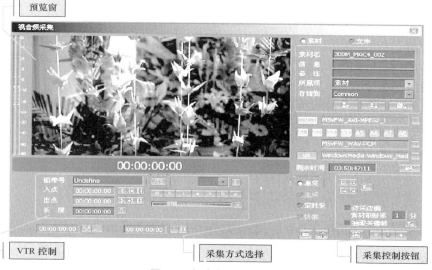

图 3-2 视音频采集界面

（1）预览窗。采集界面中提供了独立的视频预览窗和动态 VU 表，方便对磁带上视音频信息的浏览和搜索定位。预览窗正下方是 VTR 时间码，在开始采集后，VTR 时间码右侧还会弹出已经采集的长度信息，供用户参考（见图 3-3）。

图 3-3　VTR 时间码

（2）VTR 控制。VTR 控制部分负责对外部信号源的遥控操作，这部分只有在连接了处于遥控状态的 VTR 设备时才会有效。这里可以输入磁带号信息，记录磁带的入点和出点，设置采集长度。在 VTR 状态下，可以模拟 VTR 的控制面板和功能键，遥控外部录像机进行快进、快退、变速播放和搜索等操作（见图 3-4）。

图 3-4　VTR 控制界面

磁带号：记录磁带编号，便于日后查询。

入点：记录入点的时码信息。结合 3 个按钮，可实现设置入点、到入点和清除入点信息的功能。

出点：记录出点的时码信息。结合 3 个按钮，可实现设置出点、到出点和清除出点信息的功能。

长度：设置采集长度，单击"复位"按钮 可清除长度设置。

VTR 切换按钮 ：系统会根据 VTR 切换按钮的状态来判断采取打点采集还是硬采集方式。按下此按钮，如果它呈绿色，则是有效状态，系统将实现打点采集；如果它呈灰色，则是无效状态，系统将实现硬采集。

多 VTR 控制按钮 ：可以最多从四路 VTR 设备中任选一路作为输入的视音频信号源。

倍速浏览按钮 ：通过单击右侧按钮可切换 JOG（慢进）和 SHUTTLE（快进）模式，鼠标拖动滑轨中间的推子，可实现快进或快退的倍速浏览，向左为快退，向右为快进，推子越靠近边侧，浏览速度越快。

（3）采集方式选择。系统提供了多种采集方式，以满足用户在不同应用环境下的需求（见图 3-5）。

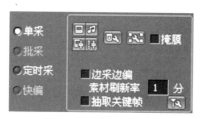

图 3-5 采集方式界面

● 单采：用于单条素材的采集，通过遥控录机可实现入点、出点间的精确采集，此模式为系统默认采集方式。在单采模式下，可以实现硬采采集和打点采采集。

● 批采：一次性选择、定义多段素材，批量完成全部的采集工作。系统支持对批采集列表的保存、删除等编辑操作。

● 定时采：对已制定完成的不同日期、不同时间段的采集列表进行自动定时采集，支持批量采集和按日、周、月、年的循环设置。

● 快编：可以将采集的素材准确添加到故事板轨道，形成放机和故事板之间一对一编辑，采集完成，节目粗编也完成，快编采集适合新闻类时效性强的节目。

● 边采边编：采集的同时，其他非线性编辑设备可以编辑当前正在采集的素材，而不用像传统采集方式那样，必须等待整个素材全部下载完成才可以编辑。

● 素材刷新率：用于设置动态更新数据库文件的间隔时间。边采边编功能只有在网络环境中才能实现，大洋 D^3-Edit HD 单机系统不提供此功能。

（4）采集控制按钮。在视音频采集界面右下角提供一组用于开始、停止和放弃采集的功能按钮，用户也可以通过快捷键实现相同的功能（见图 3-6）。

图 3-6 采集控制按钮

2. 采集视音频的操作

(1) 采集视音频的基本流程。

第一步,采集前的准备工作。检查连线,确认录/摄像机处于正常状态,插入要采集的素材录像带,然后在主菜单中单击"工具"→"视音频采集"命令进入采集界面。

第二步,预演播放,并确认各线路工作正常。播放信号源,通过预览窗、音频表或外围监看、监听设备检查视音频信号接入是否正确。如果无信号,则单击"视音频静态参数设置"选项,调整 I/O 端口,使输入端连线与设置类型保持一致,排除故障。

第三步,设置素材属性信息和存储路径。在素材名文本框中输入具有代表性的名称,如以日期或栏目开头,便于日后查找。在所属项中选择已创建好的素材路径。如果未创建所需的文件夹,可退回到资源管理器的素材库进行创建工作。

第四步,选择采集的视音频信道,并设置采集格式。通常单路采集只需选中 V、A1、A2 项,如果用于网络的双路采集,还可同时选择 VA 项。系统默认采集格式已在网关中设置,当用户以 DV 用户登录,默认的采集格式为 DVSD,用户也可在采集前根据需要更改设置。

第五步,选择所需的采集方式。

第六步,单击"开始采集"按钮 ,开始采集进程。

第七步,采集过程中可以打标记点、手动设置切点,或是开始采集前选择自动抽取关键帧。

第八步,单击"停止采集"按钮 ,采集结束,生成的新素材自动导入资源管理器指定路径下。

第九步,根据不同的采集方式,可以选择将采集获得的素材直接插入故事板时码轨上,或者保存为一个故事板文件。

(2) 不同采集方式的具体实现方法。

① 硬采。

硬采是非线性编辑采集中较常用的一种方法。在不具备遥控信号的 VCD、DVD 机作为信号源时,或者时码不连续时,可以考虑采用硬采。硬采的特点是操作简捷,但精度不易控制(见图 3-7)。

图 3-7 硬采采集界面

硬采实现步骤如下。

第一步，连接好外部设备，确认录/摄像机处于正常状态，并且正确设置了 I/O 端口，插入要采集的素材录像带，选择主菜单的"工具"→"视音频采集"命令进入采集界面。

第二步，在采集界面中设置 VTR 切换按钮 VTR 为"遥控无效状态"选项。

注意：VTR 切换按钮不能处在遥控状态，此状态下硬采无效。

第三步，保持系统默认的"单采"方式。

第四步，播放信号源，通过预览窗、音频表或外围监看、监听设备检查视音频信号接入是否正确。

第五步，输入素材属性信息，设定素材存储路径（即所属项）。

注意：当选中"文件"页时，可以查看并修改数据文件在硬盘的存储位置和文件名称，但进行采集素材操作时需切回"素材"页，否则采集只生成文件，不会自动导入素材库中。

第六步，根据需要选择采集的视音频信道，并设置相应的采集格式。

第七步，对于较长素材的采集，可以选择"边采边编"方式，但此方式只能在网络编辑环境中才能实现。

第八步，单击"开始采集"按钮 开始视音频的素材采集。

第九步，采集过程中根据需要，可以按快捷键 M 打标记点，或手动设置切点。

第十步，单击"停止采集"按钮■，结束采集，素材自动导入资源管理器指定路径。

第十一步，如果希望放弃当前采集的素材，可以在采集过程中单击"放弃采集"按钮×，系统将终止采集且不保存前面采集的素材。

第十二步，如果有打开并处于正在编辑的故事板轨道，单击"插入故事板"按钮，采集的素材将被插入到当前时间线所在的 V1、A1、A2 轨的位置上。

② 打点采。

打点采是非线性编辑中最为精确的采集方式，通过计算机遥控摄像机或录像机，在磁带上找到需要的时码或时码段，再在计算机上打好磁带上对应的入点和出点（见图 3-8）。开始采集后，计算机会精确地按打好点的时间码进行采集。利用非线性编辑软件对录像带打点，可以自动完成素材的帧精度采集。

图 3-8　打点采采集界面

打点采的实现方法与硬采非常接近，它们的区别如下。

第一，如果摄像机有"本地/远程"开关，需确定将开关设为"远程"。

第二，采集界面中务必设置 VTR 切换按钮 VTR 为有效状态。

第三，在开始采集前，遥控摄像机或录像机到选定的画面处，分别打上入点和出点。

第四，单击"开始采集"按钮○，在进行短暂的磁带预卷后，开始入点和出点间的素材采集。

第五，采集完毕，新素材自动导入素材库中，用户可根据需要单击"添加到故事板"按钮，将新素材添加到正在编辑的故事板轨道上。

③ 批采。

批采是在遥控采集的基础上增加了码单列表的记录和编辑功能，可实现从全部录像带一次自动采集所有的片段，并导入素材库。批采可以导入系统自识别的 *.tcf 或 *.txt 码单文件进行再编辑，通过码单列表中的单选、多选或跳选选项，可实现部分条目的批采。在采集过程中可实时查看各条目的状态和采集进度。采集结束后，选择自动生成故事板文件，可省去拖动素材的烦琐过程（见图 3-9）。

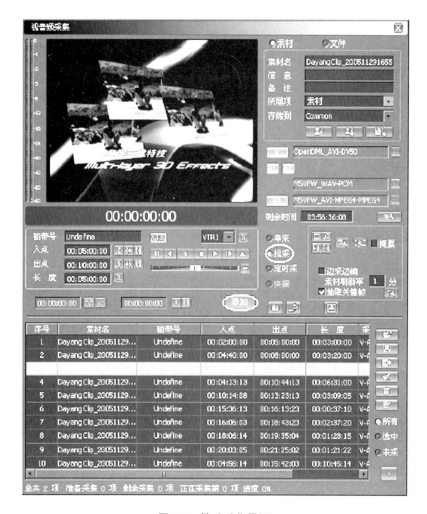

图 3-9 批采采集界面

批采的实现步骤如下。

第一步,在视音频采集界面选择"批采"方式。

第二步,如同打点采集,在设置了素材入点、出点信息和视音频格式后,单击码单列表上部的"添加"按钮 ,将条目添加到列表中。

第三步,重复第二步操作,建立批采列表。

第四步,单击"开始采集"按钮 ,弹出进度提示框,系统按条目依次完成素材采集。

第五步,采集期间,可随时单击信息提示框下部的 3 个命令按键,实现"忽略本条素材""忽略本盘磁带"和"中止采集"的操作。

第六步,采集结束,弹出"是否保存故事板文件"对话框,如果选择"是",系统会自动生成以新素材段交错铺于 V1、V2 轨的故事板文件。

第七步，单击批采采集界面的"保存"按钮 保存 ，可将采集列表存为系统自识别的码单文件＊.tcf或＊.txt，以备需要时调入使用。

④ 定时采。

定时采是在遥控采集的基础上增加了定时采集单的记录和编辑功能，可实现在设定时间段收录视音频信号。在视音频采集界面中选择"定时采"方式，会弹出定时采集界面（见图3-10）。通过预览窗下面的定时设置部分，可以准确设定采采集素材的开始时间、结束时间以及循环方式等。同时，定时采也可以导入系统自识别的.trf或.txt码单文件进行再编辑，通过码单列表中的单选、多选或跳选选项，可实现采集条目的定时采集。在采集过程中可实时查看各条目的状态和采集进度。

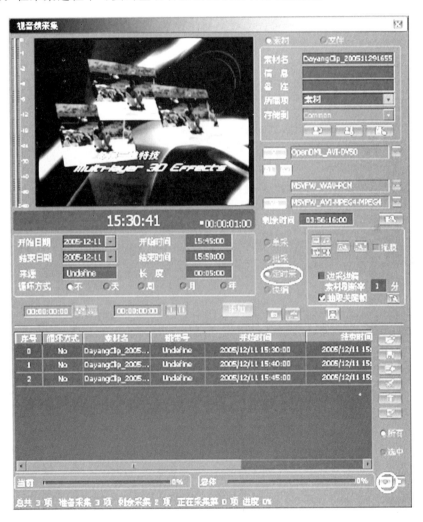

图3-10 定时采采集界面

定时采的实现步骤如下。

第一步，在采集界面，选择"定时采"方式。

第二步，在设置了素材入点、出点信息和视音频格式后，设置采集的开始日期、开始时间、结束日期、结束时间以及循环方式等。单击码单列表上部的"添加"按钮 添加 ，将条目添加到列表中。

第三步，重复第二步操作，建立定时采列表。

第四步，单击"开始采集"按钮 ○ ，到设定的采集开始时间后，采集会自动开始，同时窗口下方显示进度提示框，系统按条目依次完成素材采集。

第五步，采集期间，可随时中止采集。

第六步，采集结束，弹出"是否保存故事板文件"对话框，如果选择"是"，系统会自动生成以新素材段交错铺于V1、V2轨的故事板文件。

第七步，单击定时采界面的"保存"按钮 保存 ，可将采集列表存为系统自识别的码单文件.trf或.txt，以备需要时调入使用。

⑤ 快编。

在视音频采集界面选择"快编"方式，会弹出快编采集界面（见图3-11）。与普通采集界面不同，快编采集界面增加了故事板预览窗，通过预览窗下面的播放控制按钮，用户可以方便地浏览故事板素材，准确定位采集素材插到故事板的位置，并且可以非常方便地实现三点和四点编辑。

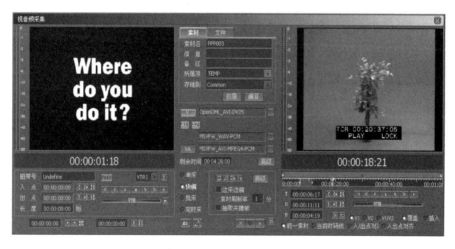

图3-11 快编采集界面

快编采集实现步骤如下。

第一步，在视音频采集界面选择"快编"方式，弹出快编采集界面。

第二步，利用左边采集预览窗及其下面的控制按钮，浏览磁带画面并设置采集素材的入点、出点。

第三步，在界面的中部区域设置素材信息、采集信道、视音频格式等。

第四步，利用右边故事板预览窗及其下面的控制按钮，浏览故事板，并在需要添加素材的位置单击入点按钮，设置入点。

第五步，选择故事板的覆盖或插入编辑模式，系统默认为覆盖模式。

第六步，选择素材添加到故事板的轨道层，系统默认将采集的素材添加到 V1 轨，也可以更改为 V2 轨；或选择 V1、V2，素材交错排列于两个轨道。

第七步，选择素材添加到故事板轨道的排列顺序，可选择"前一素材""当前时码线""入/出点对齐""入出点对齐"4 种方式之一。

● 前一素材：采集的素材自动与轨道上前一素材尾部衔接。
● 当前时码线：采集的素材首帧与轨道上当前时码线位置对齐。
● 入/出点对齐：仅对故事板设置有入点或出点时有效，用于实现三点编辑，即对同一段素材进行"三点编辑"的方法。
● 入出点对齐：仅对故事板设置有入点和出点有效，用于实现四点编辑，即对同一段素材进行"四点编辑"的方法。

第八步，单击"开始采集"按钮，在进行短暂的磁带预卷后，开始入点和出点间的素材采集。

第九步，采集完毕，新素材自动导入素材库中，同时以前面所设置好的方式铺于故事板轨道的相应位置处。

（二）图文采集

使用图文采集功能，可以方便地将已知的序列图像文件（图像串）合成为系统可以编辑的视频素材，以便于在其他系统中制作的图像串文件调入非线性编辑系统中使用（见图 3-12）。

图文采集的实现方法是：首先在其他系统中将需要的内容输出成分辨率为 720×576（PAL 制）或 720×486（NTSC 制）的图像序列，如 TGA 串，再利用图文采集功能将这些静止的图像文件重新生成系统可以识别的 AVI 文件。

图文采集生成的视频素材不带 α 通道，如果用户希望生成带有 α 通道的任意画幅视频素材，可使用字幕制作模块中的"序列合成"功能，生成支持视频通道的 DYM 格式素材。

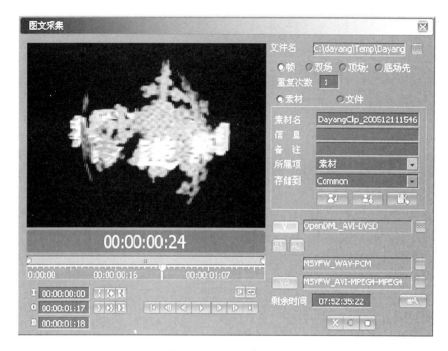

图 3-12　图文采集界面

1. 图文采集参数设置

打开主菜单,选择"采集"→"图文采集"命令,进入图文采集界面,该界面中的素材信息和采集通道设置部分与视音频采集设置完全相同。下面就图文采集的独特之处加以说明。

(1) 文件名,用于指定图像序列的首帧图像文件。在指定首帧图像文件之后,系统会自动在同一目录下搜索该序列的最后一帧作为"结束图像文件"。如果序列号有中断或缺失,则以中断或缺失图像的前一帧作为"结束图像文件"。当用户选择序列的最后一帧作为"初始图像文件",系统将自动以序列的第一帧作为"结束图像文件",此时生成的视频素材为倒放素材。

(2) 帧/场方式,帧/场方式用于设置在采集时被选择的图像序列中的每一幅图在最终的视频文件中是作为一帧还是作为一场(见图 3-13)。如果选择场方式,最终生成的视频文件的长度是图像序列长度的一半,但清晰度会提高。

图 3-13　帧/场方式界面

注意：帧/场方式的选择通常与在第三方软件中合成图像序列时的帧/场方式保持一致。

（3）重复次数，用于设置在采集时被选择的图像序列中的每一幅图在最终的视频文件中的重复次数。利用此参数可以生成慢动作视频素材。

2. 图文采集的操作

（1）选择首帧图像文件。在图文采集界面单击"文件名"对应的浏览图标，指定首帧图像文件。用户也可以直接从资源管理器的素材库中拖动 CG 素材到预览窗，此方法可实现 CG 静态图标转换为 AVI 视频素材的功能。

（2）输入目标素材信息，选择目标素材的存放路径。如果只需要生成视频文件，则选择与"素材"并排的"文件"页，在其中指定文件名称及保存在硬盘的路径即可。

（3）选择目标素材类型，设置方法同视音频素材采集。

（4）选择帧/场方式，系统默认为"帧"方式。

（5）设置"重复次数"，系统默认为 1。

（6）通过播放控制按钮浏览素材，根据需要设置图文采集区域，系统默认为整个序列长度。

（7）开始采集。

（8）生成完毕，系统自动将生成的 AVI 视频素材导入素材库指定路径下。

（9）如果希望放弃当前操作，可以在合成过程中单击"放弃采集"按钮，系统将终止采集且不保存前面的采集过程。

（10）如果希望终止当前采集操作，可以单击"停止采集"按钮，此时生成的文件长度等于从"初始图像文件"到手动结束时的长度。设置"重复次数"的值必须大于或等于 1，大于 1 时采集后的素材为慢放效果。

（三）文件采集

使用"文件采集"功能，用户可以将保存在硬盘中的视音频文件分解成更小的素材片段（子素材）。用户通过此功能可以有效地精简现有文件，删除不必要的源文件，释放硬盘空间。打开主菜单，选择"采集"→"文件采集"命令，打开文件采集界面（见图 3-14）。

图 3-14 文件采集界面

1. 打开源文件

打开源文件有两种方式：一是直接从素材库中拖动视音频素材到预览窗中，此时源素材处显示素材名称；二是单击源文件对应的浏览按钮，可选择保存在硬盘中的源文件。

2. 设置子素材段

与批采非常相似，用户可以通过 VTR 控制部分浏览素材，设置采集素材段的入点、出点，单击"添加块"按钮 将设置好的素材段添加到采集列表中。用户可在列表中进行保存、删除、打开、引用等常规操作（见图 3-15）。

图 3-15 设置子素材段界面

(1) 单击"播放控制"按钮或拖动时间线，找到需要采集的入点、出点位置，分别单击"设置入点""设置出点"按钮，定义的区域被标记有一个序号。需要在时码轨上修改入点、出点时，可以用鼠标拖动标记区边缘。

(2) 单击"添加块"按钮或按"Alt＋A"组合快捷键，将设置了入点、出点区域的采集段落添加到列表中。

(3) 需要在列表中重新定义或修改其中某段的入点、出点时，可在时码轨上选中该段素材后修改其入点、出点，然后单击"修改"按钮。

(4) 如果单击"删除"按钮或按键盘上的 Delete 键，则该素材的段落标记被删除。

3．素材合并

勾选"素材合并"，在文件采集结束后，系统将生成的全部子素材自动串联成一段素材导入到素材库中。

4．对源文件的处理

勾选"删除源文件"，在文件采集结束后，系统将自动删除源文件的数据文件和索引信息，释放硬盘空间。反之，则继续保留源文件。

5．快捷键操作

Alt＋A：添加块。Alt＋T：采集为 TGA 串。Delete：删除块。P：播放入点、出点。Alt＋L：左进一块。Alt＋R：右进一块。

6．转换完成

上述设置完成后，单击"开始采集"按钮开始逐条采集。

（四）导入素材

除了采集的视音频素材外，在编辑制作中还需要一些静态的图片，或者第三方软件生成的视音频片段，或者一些乐曲作为背景音乐。这些素材全都以文件的形式存放在硬盘、光盘、U 盘或网络路径中，用户要将它们引入大洋 D^3 Edit IID 非线性编辑系统中使用，就要用到系统提供的"导入"功能。该功能可以导入各种格式的文件，包括视频、音频、图片、动画等。这些素材在导入后被放入资源管理器的素材库中统一管理，为后续的编辑做准备。

不同的素材，导入的途径不完全相同。

(1) 符合软件编辑格式要求的素材，可通过素材库右键菜单中的"导入素材"命令直接导入。导入的同时提供转码功能，导入时可选择对源文件的多种处理方式。如果选择"保留"方式，只为源文件建立索引信息，导入速度会非常快。

(2) 不符合格式要求的音频文件，用户可以通过主菜单中的"音频转换"和"CD抓轨"两个工具，将源音频文件先转换为系统支持的48 000 Hz、16bit 的 WAVE 文件，再导入到素材库中。

（五）P2 素材采集

大洋 D^3-Edit HD 非线性编辑系统全面支持松下 P2 技术。通过此项功能，用户可以将 P2 卡中的 MXF 文件导入非线性编辑系统中使用，也可直接对 P2 卡的 MXF 文件进行编辑，免去长时间的导入过程。

与传统的视音频信号采集不同，采集 P2 素材不是通过信号线连接，而是直接以存储卡为载体，通过 P2 读卡器直接将视音频数据复制到本地硬盘。

大洋 D^3-Edit HD 非线性编辑系统采集 P2 素材的功能灵活多样，可以导入单条 MXF 素材，可以将多条素材加入列表后批量导入，还可以对素材设定入、出区域后进行导入。导入过程，可根据实际需要选择复制、引用、转码和合并等多种方式。

1. 界面介绍

在图 3-16 所示界面左上部显示了 P2 卡的目录结构。通常，5 块 P2 卡作为一个单元，插入 P2 读卡器的插槽中。当大洋 D^3-Edit HD 非线性编辑系统正常识别 P2 卡后，在 Windows 资源管理器中会出现 5 个新的可移动磁盘的盘符。单击工具栏的"刷新"按钮，系统会自动查找并刷新目录结构，同时在下方的内容显示区显示素材图标。在此，用户也可

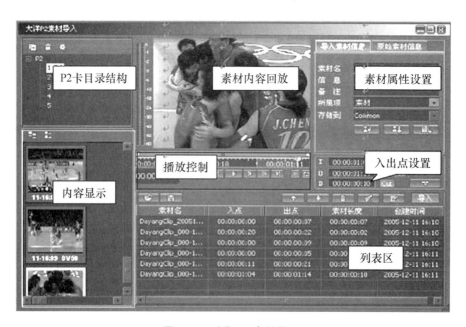

图 3-16 采集 P2 素材界面

通过右键菜单，对 P2 卡实行格式化或查看属性的操作。P2 素材在卡上都被置于 Contents 文件夹中，用户可以将此文件夹复制到本地硬盘。如果 Contents 文件夹位于磁盘驱动器的根目录下，使用刷新功能可以自动刷新到这些素材；如果 Contents 文件夹位于驱动器的子级目录下，则需要单击"打开"按钮 来指定 P2 素材所在位置。

2. 采集 P2 素材操作过程

(1) 连接好 P2 设备，插入 P2 卡，并正确安装 P2 设备的驱动程序。

(2) 选择系统主菜单中的"采集"→"采集 P2 素材"命令，打开功能窗。通常，单击"刷新"按钮 ，系统会自动刷新到 P2 素材，用户可以切换不同 P2 卡目录选择需要导入的 P2 素材。

3. 仅导入单条素材的操作

(1) 在源素材的内容显示区中双击素材图标，将素材调入"回放"窗口中浏览，可根据需要设置素材的入点、出点以实现部分区域的素材导入，不修改素材的入点、出点则全长导入。

(2) 修改素材名称和存储路径。

(3) 单击单一素材对应的"导入"按钮，在弹出的设置窗中单击"导入"即可开始导入。

4. 多条目批量导入素材的操作

(1) 与导入单条素材的操作相同，先调入素材到"回放"窗口进行浏览，根据需要设置入点、出点区域，并修改素材名称和存储路径。

(2) 单击"添加"按钮 ，将素材条目添加至批采集列表。

(3) 重复步骤（1）和步骤（2），依次添加全部需要采集的条目。

(4) 也可在长按 Ctrl 键的同时，单击鼠标左键，在素材区中点选多个需要导入的素材，然后通过右键菜单选择"添加到列表"命令，对多个素材进行一次性添加。

(5) 单击列表右上角"导入"按钮，在弹出的参数设置窗中单击"导入"即可开始以"复制"方式依次导入列表中条目。

(6) 全部条目导入完成，选择并确认退出。

第二节 视音频编辑

非线性编辑的基本任务就是将采集或导入的素材在时间轨上按一定规则编排起来，制作成可以播出的影视节目，其主要编辑对象包括素材、故事板、时间线和标记点。

一、编辑工作窗介绍

这里以大洋 D^3-Edit HD 非线性编辑系统为例进行介绍。启动软件后，展现在用户面前的是大洋资源管理器窗口。通常用户需要创建或打开一个故事板文件，以展示编辑工作窗的全貌。

编辑工作窗是由"大洋资源管理器"窗口、"回放"窗口和"编辑故事板"窗口几部分组成。"大洋资源管理器"窗口用来组织、存储和有效管理编辑中用到的所有资源，包括各类素材、故事板文件等，还集成了特技模板和字幕模板，并且用户可以组建适合自己的项目集合。"回放"窗口和"编辑故事板"窗口配合使用，可以完成大部分的编辑工作（见图 3-17）。

图 3-17 编辑工作窗界面

（一）"大洋资源管理器"窗口

"大洋资源管理器"窗口（见图 3-18）从结构上可划分为两个部分：功能按钮区和标签页区。每个标签页由树型结构区和内容显示区构成：与用户所熟悉的 Windows 资源管理器十分相似，树型结构区列出了素材库的整体架构，使用户能够直观、方便地在不同文件夹之间进行切换；而内容显示区则与树型结构相关联，实时显示选定的树状分支文件夹中的内容。用户还可以使用功能按钮区提供的功能按钮对资源进行剪切、复制等操作，还可以更改资源的显示方式，方便浏览、查找相关的资源。

图 3-18 "大洋资源管理器"窗口

1. 功能按钮区

各功能按钮如图 3-19 所示,其功能说明见表 3-1。通过该区域提供的功能按钮,用户可以方便地查询信息,改变资源的显示方式,进行资源的剪切、复制等操作。

图 3-19 功能按钮区

表 3-1 按钮功能表

按钮图标	功能	快捷键	功能描述
	后退	无	退回到上次访问的目录下
	前进	无	同"后退"按钮的功能相反
	向上	BackSpace	到上一级文件夹
	剪切	Ctrl+X	可以通过剪切、复制、粘贴,对素材故事板或各文件如特技文件、字幕文件等在同类型文件夹中进行移动、复制的操作
	复制	Ctrl+C	
	粘贴	Ctrl+V	
	资源库	无	关闭或打开树型结构区
	搜索	无	可以对资源管理器中的所有资源进行搜索或过滤操作
	编辑模式	无	用大图标的方式显示资源,以这种方式显示的素材可以直接在图标中进行浏览或修改入点、出点等操作

（续表）

按钮图标	功能	快捷键	功能描述
	缩略图	无	以小图标方式显示各类资源，对于素材可以显示素材名称、素材类型、素材格式、素材状态等信息
	缩略图＋详细资料	无	以小图标＋列表方式显示资源的详细信息
	详细资料	无	以列表的方式显示资源各种属性字段的详细信息，可以对各种属性字段的显示与否以及显示优先顺序进行设置

2. 标签页区

标签页区包括素材、故事板、特技、字幕、项目标签页（见图3-20）。素材标签页用来集中管理所有的视音频和字幕素材。故事板标签页管理所有的EDL文件，包括CUT、TAB、LIST和SBF文件。特技标签页包含系统提供的各类固化特技以及用户的自定义特技。用户可以在特技标签页中进行特技的导入、导出等操作。字幕标签页用于管理各级字幕模板，包括系统预制模板及用户自定义模板。用户也可以在字幕标签页中对字幕模板进行导入、导出操作。项目标签页是用来进行项目管理的。

每个标签页的所有状态都是可以单独记忆的，比如浏览模式、当前浏览目录、排序方式等。

所有的标签页可以统一存在于同一个资源管理器窗口中，并通过切换的方式逐一浏览，也可以将其中的一个或几个标签页拖放出来单独成为一个窗口，当素材、特技、字幕标签页都以独立窗口的形式同时存在时，在编辑时就可以非常方便地选取所需的资源。

图3-20 标签页

（二）"回放"窗口

"回放"窗口分为"素材调整"窗口和"故事板回放"窗口两个视窗。在"素材调整"窗口中，用户可以进行素材的精细调整、素材剪辑以及对素材赋予特技效果等操作；在"故事板回放"窗口，用户可以对"编辑故事板"窗口中不同内容进行编辑和浏览。"回放"窗口每个视窗的左上方显示有素材名称或当前编辑的故事板名称，以及素材或故事板的总长度。"回放"窗口每个视窗的右侧提供了快捷工具栏，可以实现一些特殊功能，对于快捷工具栏,将在表 3-2 和表 3-3 中详细介绍。在"回放"窗口每个视窗的下部是一组功能按钮。"素材调整"窗口和"故事板回放"窗口的下部功能按钮基本相同,主要用于控制播放,设置入点、出点,完成剪辑功能。

选择主菜单中的"窗口"→"布局 1"可呈现标准的编辑界面。如果关闭了"素材调整"窗口,用户可以双击素材库中的素材,或在素材库中通过选中素材右键菜单中"编辑素材"命令,打开"素材调整"窗口,亦可以通过双击故事板上的素材达到同样目的。如果用户在故事板上选中一段素材,单击鼠标右键,在下拉菜单中选择"在新素材调整窗口打开当前选中素材"命令,还可以同时打开多个"素材调整"窗口对素材进行编辑。

"故事板回放"窗口在打开或创建故事板文件时会自动开启。如果手动关闭了该窗口,用户可以通过选择主菜单的"窗口"→"故事板回放窗"命令重新打开该窗口。

1. 控制按钮

在"素材调整"窗口和"故事板回放"窗口中,都有相似的控制按钮,都可以进行预览、剪辑、逐帧搜索等操作(见图 3-21)。

"素材调整"窗口的控制按钮

"故事板回放"窗口的控制按钮

图 3-21 控制按钮界面

在图 3-21 的"故事板回放"窗口的控制按钮时间轴上,左侧"{"为入点标记,右侧"}"为出点标记,如果未进行入点、出点的设置,则整个素材或故事板的时间轴均标记为淡蓝色工作区域。

窗口中 C 所对应的时码表示当前时间线所在位置,在"素材调整"窗口中单击"时码切换显示"按钮 TC,若是遥控采集的视音频素材将显示其磁带的时码信息。

2. 功能按钮介绍

"回放"窗口下部各按钮的功能介绍见表3-2。

表 3-2 "回放"窗口按钮功能表

按钮图标	功能	快捷键	功能描述
	打入点	I	单击该按钮,对源素材或节目的当前位置设置入点,在时间轴打入点的相应位置出现绿色标记
	打出点	U	单击该按钮,对源素材或节目的当前位置设置出点,在时间轴打出点的相应位置出现红色标记
	到入点	Ctrl+I	单击该按钮,时间线跳转到入点位置(绿色标记处)
	到出点	Ctrl+O	单击该按钮,时间线跳转到出点位置(红色标记处)
	删除入点	Alt+I	单击该按钮,入点标记被清除
	删除出点	Alt+O	单击该按钮,出点标记被清除
	打标记点	F8	标记点用于标识关键帧,该按钮只在素材调整窗口中有效
	到标记点	Alt+M	单击该按钮,在标记点列表中选择某一标记点,时间线会跳转到该标记点处
	删除标记点	Ctrl+F8	单击该按钮,删除当前选中的标记点(标记点蓝色为选中状态)
	到头	Home	单击该按钮,时间线跳转到源素材或节目的起始位置
	左进5帧	Up	每单击一次该按钮,时间线向左回退5帧
	左进1帧	Left	每单击一次该按钮,时间线向左回退1帧
	播放/暂停	Space空格	每单击一次该按钮,表示"播放"或"暂停"
	右进1帧	Right	每单击一次该按钮,时间线向右前进1帧
	右进5帧	Down	每单击一次该按钮,时间线向右前进5帧
	到尾	End	单击该按钮,时间线跳转到源素材或节目的终止位置

(续表)

按钮图标	功能	快捷键	功能描述
TC	时码切换显示	Ctrl+T	按下该按钮使其呈绿色激活状态，此时如果源素材为遥控采集的素材，则时间轴和C所表示的时间信息会转变为磁带TC码信息。该按钮只在"素材调整"窗口中提供
	播放入点、出点	Shift+Space	设置好入点、出点，单击该按钮，系统开始在素材或节目的入点、出点之间进行播放，播放到出点位置自动停止；如果同时按下"循环"按钮 ，可进行入点、出点间循环播放，再次单击该按钮，播放停止
	循环	L	按下该按钮使其呈绿色激活状态，此时单击"播放"按钮，系统将对时间线当前位置到素材或节目的终止位置间进行自动循环播放，直到单击停止按钮，播放才会停止
	定长播放	Alt+B	按下该按钮使其呈绿色激活状态，设置时间长度后进行播放，系统会从时间线当前位置开始播放，满时间长度后自动停止。该按钮只在"故事板回放"窗口中提供
V1A01	设置V/A轨道	T	该按钮为"素材调整"窗口所特有，用于设定素材插入到时间线的视音频目标轨道。单击该按钮，在弹出的对话框中选择视音频的轨道名称，确认后应当单击素材到故事板 按钮
	素材到故事板	Enter	该按钮为"素材调整"窗口所特有，用于将源素材入点、出点间片段以指定方式插入到时间线的目标轨道，通常与"设置V/A轨道"按钮 V1A01 配合使用。单击向下箭头，可设置素材插入到目标轨道的具体位置，系统提供"当前时间线""前一素材尾""入/出点对齐""入出点对齐"4种选择。确认后应单击

（续表）

按钮图标	功能	快捷键	功能描述
	定比播放	B	拖动控制滑条可以方便地以定比速度预览素材，快速定位时间线。动态调整滑条在滑竿的不同位置，表示不同的播放速度，偏左位置为慢速播放（低于1倍速播放），偏右位置为快速播放（大于1倍速播放）。如果按下 定比播放按钮使其呈激活状态，此时滑条所设定的速度比例即为播放速度

（三）"编辑故事板"窗口

大洋 D^3-Edit HD 非线性编辑系统，提供了多种非线性编辑模式，包括 SBF、TAB、LIST 和 CUT 等，形式上可以分为时间线和列表两种，以满足电视台多元化的工作流程。由于时间线编辑模式是主流的核心编辑模式，这里将详细介绍以时间线编辑为主的"编辑故事板"窗口中的各项功能。

"编辑故事板"窗口主要由故事板标签页、轨道首、故事板工具栏和时码轨编辑区（时码轨编辑区包括时码线、快捷缩放、无极缩放工具条和故事板结束标志点）几部分组成（见图3-22）。以下主要介绍故事板标签页和故事板工具栏。

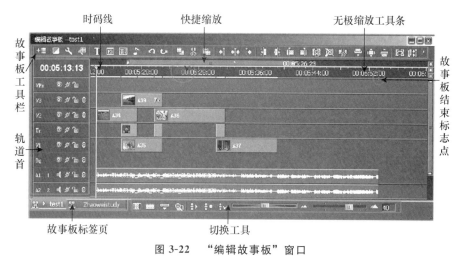

图3-22 "编辑故事板"窗口

1. 故事板标签页

故事板标签页可以直观地获得故事板名称，实现故事板的快速创建、保存、另存、关闭等操作，在编辑多个故事板的同时还可以将编辑窗口游离到指定位置，实现多故事板平铺展开，方便故事板间素材的浏览和调用。

在同时编辑多个故事板的情况下，带有小箭头的故事板标签为当前正在编辑的故事板。单击小箭头，通过快捷菜单，用户可以快速保存、另存、关闭当前正在编辑的故事板文件，或是保存所有打开编辑的故事板文件，还可以新建其他编辑模式的故事板，如 TAB、LIST、CUT 等。

在故事板标签页上右击，用户可以自由设置标签在编辑窗的显示位置（见图 3-23）。选择"窗口顶部"时，标签页会调整到编辑窗左上角位置。

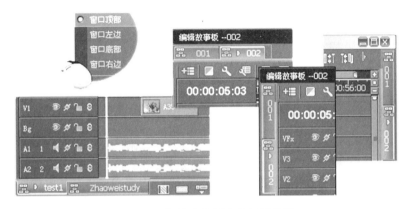

图 3-23　标签在编辑窗的显示位置

2. 故事板工具栏

故事板工具栏涵盖了全部的编辑功能。通过主菜单的系统设置，用户可以对故事板工具栏进行自定义，精简不常用的工具按钮，从而创建一个简明而不失个性的编辑环境。故事板工具栏中全部按钮的功能见表 3-3。

表 3-3　故事板工具栏按钮功能表

按钮	功能	快捷键	功能描述
	增加轨道	Shift+A	单击该按钮，在弹出的对话框中可分别设置需要增加视音频轨道的个数，确认后编辑轨道做相应增加
	显示轨道	H	单击该按钮，各轨道中设置为隐藏状态的轨道将不被显示，再次单击该按钮，轨道恢复显示
	故事板起点设置	Shift+S	用于自定义视音频的起始时间码
	轨道头设置	Ctrl+Shift+S	该功能方便对当前编辑窗中多个轨道的属性（有效、隐藏、锁定、连动）进行同时设置

（续表）

按钮	功能	快捷键	功能描述
	字幕编辑	T	选中轨道中需要调整的字幕素材，单击该按钮进入字幕制作界面
	特技编辑	Enter	选中轨道中需要特技调整的素材，单击该按钮进入特技编辑界面
	独立播出器	F11	单击该按钮，可弹出独立播出器窗口，用以在播放故事板节目的同时控制播出字幕序列
	拍唱词	F12	选中轨道中的唱词素材，单击该按钮进入唱词制作界面，可进行拍唱词工作
	撤销	Ctrl+Z	单击该按钮，撤销本步操作，恢复到上一步操作
	重复	Ctrl+Y	单击该按钮，重复执行上一步操作
	复制素材	Ctrl+C	通常与粘贴按钮配合使用。选中需要复制的素材或素材块，单击该按钮，将时间线移到目标位置处，再单击粘贴素材按钮，素材或素材块被复制到目标位置处
	剪切素材	Ctrl+X	通常与粘贴素材按钮配合使用。与复制素材的操作完全相同，只是复制的同时清除原位置处的素材或素材块
	粘贴素材	Ctrl+V	配合复制素材或剪切素材，实现素材或素材块的复制或迁移
	时间线到上一节点	PageUp	编辑轨上素材的入点和出点映射到时间标尺上即为一个节点。单击该按钮，时间线向左跳转到最近一个节点位置
	时间线到指定位置	G	单击该按钮，在弹出的对话框中通过绝对值或偏移值的设置，将时间线快速跳转到指定位置
	时间线到下一节点	PageDown	单击该按钮，时间线向右跳转到最近一个节点位置
	修改素材轨道入点到出点	Shift+I	确定时间线位置后，单击该按钮，所选素材的入点自动对齐时间线，出点位置不变，该功能可实现素材的变速调整
	修改素材轨道出点	Shift+O	确定时间线位置后，单击该按钮，所选素材的出点自动对齐时间线，入点位置不变，该功能可实现素材的变速调整

(续表)

按钮	功能	快捷键	功能描述
	修改素材轨道入点	Ctrl+Shift+I	用于调整轨道上所选素材的入点。将时间线置于所选素材的某一位置，单击该按钮，该素材的入点被更改为时间线位置
	修改全部素材轨道出点	Ctrl+Shift+O	用于调整轨道上所选素材的出点。将时间线置于所选素材的某一位置，单击该按钮，该素材的出点被更改为时间线位置
	删除并移动	Ctrl+Delete	将选中的素材或素材块删除，相关素材左移
	删除素材	Delete	将选中的素材或素材块删除，相关素材保持原位置不动
	切分	F5	单击该按钮，对选中的素材以时间线位置分割成两部分；若未选择素材，则以时间线位置对纵向所有轨道上的素材进行切分
	下移一轨	Shift+PageDown	单击该按钮，将选中的素材下移一轨
	到某轨	Shift+G	单击该按钮，将选中的素材移到指定轨道
	上移一轨	Shift+PageUp	单击该按钮，将选中的素材上移一轨
	素材编组	F4	单击该按钮，对选中的视音频独立素材进行编组，成组后的素材在编辑轨中将视为一个整体，进行移动、删除等操作
	素材解组	F3	单击该按钮，对选中的视音频成组素材进行解组，解组后视音频素材间无关联关系，可以单独对其进行移动、添加特技等操作
	素材组内左对齐	Shift+F4	同组素材，如果各素材长度不等，单击该按钮，将以各素材的起始位置进行对齐
	素材组内右对齐	Shift+F3	同组素材，如果各素材长度不等，单击该按钮，将以各素材的末尾位置进行对齐
	前与时间线靠齐	Ctrl+Home	单击该按钮，选中素材的头部与时间线对齐
	后与时间线靠齐	Ctrl+End	单击该按钮，选中素材的尾部与时间线对齐

(续表)

按钮	功能	快捷键	功能描述
	所有前移	Ctrl+Shift+Home	单击该按钮，选中素材入点位置后的所有素材移至时间位置
	所有后移	Ctrl+Shift+End	单击该按钮，选中素材出点位置前的所有素材移至时间位置
	和前素材靠齐	Ctrl+PageUp	单击该按钮，选中素材的头部和前素材的尾部对齐
	和后素材靠齐	Ctrl+PageDown	单击该按钮，选中素材的尾部和后素材的头部对齐
	素材左移5帧	Ctrl+Up	单击该按钮，选中素材向左移动5帧
	素材左移1帧	Ctrl+Left	单击该按钮，选中素材向左移动1帧
	素材右移5帧	Ctrl+Down	单击该按钮，选中素材向右移动5帧
	素材右移1帧	Ctrl+Right	单击该按钮，选中素材向右移动1帧
	打标记点	F8	单击该按钮，在时间线所在位置设置一个标记点
	到上一标记点	Shift+Left	单击该按钮，时间线向左跳转到最近的标记点位置
	到下一标记点	Shift+Right	单击该按钮，时间线向右跳转到最近的标记点位置
	删除标记点	Ctrl+F8	单击该按钮，删除选中的标记点
	删除所有标记点	Shift+Ctrl+F8	单击该按钮，删除全部标记点
	到标记点	Shift+F8	单击该按钮，在弹出的对话框中选择需要跳转的标记点名称，使时间线跳转到指定标记点位置
	打入点	I	单击该按钮，以时间线所在位置设置入点标记
	到入点	Ctrl+I	单击该按钮，时间线跳转到入点位置
	删除入点	Alt+I	单击该按钮，清除入点标记
	打出点	O	单击该按钮，以时间线所在位置设置出点标记
	到出点	Ctrl+O	单击该按钮，时间线跳转到出点位置
	删除出点	Alt+O	单击该按钮，清除出点标记

(续表)

按钮	功能	快捷键	功能描述
	不实时区间打入点和出点	R	将时间线置于黄色不实时区域内,单击该按钮,系统自动为此区域设置入点和出点
	选择素材之间打入点和出点	S	选取素材或素材块,单击该按钮,系统自动为所选素材或素材块设置入点和出点

二、编辑操作方法

在这一部分中,我们将学习各种编辑操作的实现方法。对于常用功能,建议大家尽可能熟记图标和快捷键,这对于提高日常制作效率很有帮助。

(一) 故事板文件操作

故事板文件操作是非线性编辑的基础,包括对故事板文件的新建、打开、存盘、关闭和备份等功能。

1. 新建故事板文件

新建故事板文件可以通过系统主菜单"文件"→"新建"→"故事板"命令或故事板标签页的快捷菜单来打开。后者的实现方法是单击当前编辑故事板的标签页中间的小三角,在扩展菜单中选择"新建"→"故事板"即可(见图3-24)。

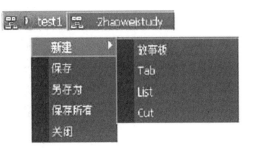

图3-24 新建故事板文件界面

在已打开的"新建"对话框中,用户可以在名称文本框中输入故事板文件名称,描述文本框不是必填项。在"保存到目录"中指定故事板文件的存放位置,如果不指定,新故事板文件默认放在SBF根目录下。单击"确定"按钮后即可完成创建工作。之后会看到一个全新的空白故事板展现在面前，在资源管理器故事板标签页的 SBF 相应路径下可以找到打开状态的该故事板文件。

在"新建"对话框中，用户还可以为新故事板指定归属到某一存在的项目中。方法是选择"添加到项目"选项，同时在系统提供的项目列表中选择项目名称，单击"确定"按钮，在弹出的提示框中输入项目密码，单击"确定"按钮后即可完成创建工作。用户会同时在资源管理器的故事板标签页和项目标签页中找到相应的故事板文件（见图 3-25）。

图 3-25 故事板文件

2. 打开故事板文件

资源库的 SBF 文件夹下有 3 个故事板文件（见图 3-26），分别处于 3 种状态：红色文件名表示该故事板为打开状态，白色文件名表示该故事板为关闭状态，而黄色文件名表示该故事板为选中状态。打开故事板文件的常规操作是在资源库的相应文件夹下选中故事板文件，在其名称上双击即可。用户也可以通过主菜单的"文件"→"最近编辑单"命令，或是通过故事板"回放"窗扩展按钮中的"最近编辑的故事板"，挑选需要打开的故事板文件，快速打开。

图 3-26 故事板文件状态

3. 保存故事板文件

通过主菜单"文件"中的"保存"→"另存为"→"全部保存"命

令,可以实现故事板文件的存盘操作(见图3-27)。

图 3-27　故事板文件存盘

(1) 保存：只将当前编辑的故事板文件存盘。

(2) 另存为：将当前编辑的故事板文件以其他名称保存，系统会提示是否打开另存为的故事板文件，如果选择"是"，该故事板被打开并处于当前编辑状态。"另存为"功能还可以实现不同类型故事板间的转换，例如，某 CUT 文件通过"另存为"转换为 SBF 文件，实现从分镜头脚本的简单编辑到时码轨复杂编辑的转换。

(3) 全部保存：执行此命令，对打开状态的所有故事板文件全部进行存盘。

4．关闭故事板文件

对于当前编辑的故事板文件，用户可直接选择主菜单中的"文件"→"关闭"命令将其关闭，也可以通过故事板标题页快捷菜单中的"关闭"命令来实现。当用户单击"编辑故事板"窗口右上角的关闭按钮时，系统将关闭全部打开的故事板文件。用户还可以在资源库状态下，按键盘上 Ctrl 键，然后选择多个打开的故事板文件，单击右键，选择菜单中的"关闭"命令将它们同时关闭。

5．即时备份

大洋 D^3-Edit HD 非线性编辑系统采用独特的故事板即时备份机制，使用户的每一步操作都会被立刻保存起来，甚至可以像 Photoshop 一样通过备份列表来选择恢复到哪一步的操作。完善的备份机制给予用户更多的是一种保障，使在发生不可预期的异常情况时能将损失降到最小(见图3-28)。

(a) 故事板操作记录表　　　　(b) 打开异常故事板时的恢复对话框

图 3-28　即时备份界面

图 3-28（b）为打开异常关闭的故事板时系统给出的恢复对话框，用户可以选择打开故事板文件，或是故事板的备份文件，或选择某一时间的备份文件。为了防止意外发生，如果该故事板文件非常重要，建议先单击最下排的"备份恢复文件"按钮备份这些文件，在正常打开故事板之后再删除备份的文件。

（二）素材剪辑

在实际工作中，当采集或者导入的素材并不十分符合用户要求时，就需要对素材进行剪辑，包括对素材入点和出点的调整，改变静态图像的持续时间，设置标记，快速浏览素材等。对素材的剪辑可以在素材调整窗口中完成，也可以在故事板编辑轨道上直接完成。

1. 在"素材调整"窗口中剪辑素材

通过双击素材库中的源素材或编辑轨道上的素材，将素材调入"素材调整"窗中，也可直接从素材库中拖拽源素材到"素材调整"窗中。

2. 在故事板编辑轨道上剪辑素材

实现方法一：

（1）在选中的素材上按下故事板窗口中的"播放"按钮或按键盘上的空格键，浏览故事板中的素材。

（2）将时间线停留在选好的画面上，如果不再需要画面前面的素材，在键盘上按下"Ctrl＋Shift＋I"组合键，素材原起点到时间线处的素材就被截去。

（3）如果不再需要画面后面的素材，在键盘上按下"Ctrl＋Shift＋O"

组合键，时间线到源素材终点之间的素材就被截去。

实现方法二：

在故事板上选中并浏览该素材，将时间线停留在选好的画面上，在键盘上按下 F5 键将素材剪开，分成两段素材，再选中不需要的素材段在键盘上按下 Delete 键将其删除。如果删除不需要素材的同时，希望本轨道后边的素材前移填补空缺，可在键盘上按下"Ctrl＋Delete"组合键来实现。

三、特技处理

与视频文件有关的特技处理分为视频特技和转场特技。

（一）视频特技

视频特技就是指对视频画面本身做的处理，它只涉及单个素材，也有些软件把这类特技称为滤镜。常见的有颜色调整、画面模糊、二维 DVE 等。大洋 D^3-Edit HD 非线性编辑系统可以实现对素材同时添加多个视频特技。

某些视频特技（如颜色特技、键特技等）只影响视频的表现形式，而不改变素材的位置，而另一些特技（如二维 DVE）会改变素材的位置、大小等。

视频特技的添加方法见图 3-29。

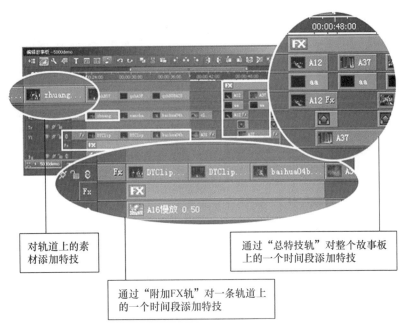

图 3-29　视频特技的添加方法

1. "素材特技"的添加

在故事板上选中需要添加特技的素材，单击故事板工具栏的"特技编辑"按钮■或在键盘上按 Enter 键，启动"特技编辑"窗口，在"特技编辑"窗口中完成特技的制作和调整。

2．"总特技轨"特技的添加

"总特技轨"特技的添加是指在故事板上对一个时间段之内所有轨道上的素材添加统一特技，如加一个遮幅或整体颜色调整。

操作方法如下：

（1）在故事板上对需要添加特技的时码区域打入点和出点。

（2）在"总特技轨"上右击，选中下拉菜单中的"入出点之间添加特技素材"命令（见图3-30），在故事板入点及出点之间出现一段特技素材。特技素材通过总特技轨进行调整，也可以修改入点和出点（见图3-31）。

图 3-30　添加特技素材

原始画面　　　　　　　　　　添加"总特技轨"特技之后

通过"总特技轨"进行特技编辑

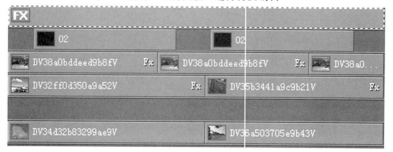

图 3-31　特技素材的编辑

3. "附加 FX 轨"特技的添加

"附加 FX 轨"特技的添加是指对故事板上某一轨道上一个时间段内的多段素材添加统一特技。利用这一功能，可以把同一轨道上的多段素材看作一段虚拟素材，添加同样的特技，进行统一编辑（见图 3-32）。

图 3-32 "附加 FX 轨"特技的添加

操作方法如下：

(1) 右击故事板轨道头的空白区域，在弹出的下拉菜单中，单击"显示 FX 轨"命令，弹出"附加 FX 轨"。

(2) 在故事板上需要添加"附加 FX 轨"特技的时码区域打入点和出点。

(3) 在"附加 FX 轨"上右击，在弹出的下拉菜单中，单击"入、出点之间添加特技素材"命令，在故事板入点及出点之间出现一段特技素材。特技素材通过"附加 FX 轨"进行调整，也可以修改入点和出点。

4. "附加 Key 轨"特技的添加

"附加 Key 轨"特技的主要作用是给视频轨上的素材添加一个键特技，相当于给轨道素材添加一个遮罩。

用户可以把"附加 Key 轨"当成普通的视频轨，进行添加图文素材或视频素材，并对素材修改入点、出点和特技等操作。不同的是，"附加 Key 轨"上的素材不以正常状态播出，而是通过素材自带的 Alpha 通道或亮度通道对视频轨上的素材做键。图文素材是通过 Alpha 通道或 RGB 色彩通道做键，图文素材可以是 TGA 图像序列文件，也可以是字幕的工程文件；视频素材是通过亮度信号或色度通道做键。

操作方法如下：

(1) 分别在 V2、V3 轨道上放置两段素材。

(2) 右击 V3 轨道头的空白区域，在弹出的下拉菜单中，单击"显示 Key 轨"命令，弹出"附加 Key 轨"。

(3) 图例为一幅带 Alpha 通道的 32 位 TGA 图，由红、绿、蓝 3 种颜色渐变组成，把它放在 V3 轨的"附加 Key 轨"上（见图 3-33）。

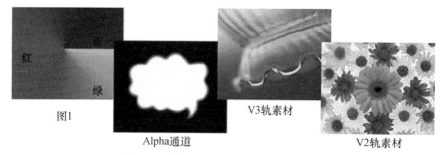

图 3-33 带 Alpha 通道的 32 位 TGA 图

(4) 选中"附加 Key 轨"上的素材，右击，弹出下拉菜单，分别选择"键属性"→A、R、G、B 命令（见图 3-34），设置不同的键通道，可以得到不同的键效果，效果图见图 3-35。

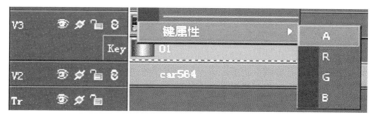

图 3-34 "附加 Key 轨"特技

图 3-35 效果图

（二）转场特技

转场特技是指相邻素材的组接方式，相邻素材间如果没有转场特技就是硬切。大洋 D^3-Edit HD 非线性编辑系统的转场特技采用"轨间特技"方式，这就是说如果想要对前后两段素材添加转场特技，必须把这两段素材放在两个轨道上。常见的转场特技有叠化、卷页、划像等。

在使用特技的过程中，用户会发现有些特技只能做视频特技不能做转场特技，如颜色调整；而大部分特技既能做视频特技也能做转场特技，如二维 DVE。

转场特技的添加方法如图 3-36 所示。

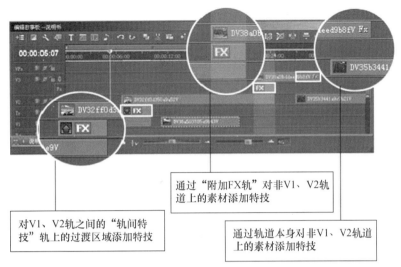

图 3-36　转场特技的添加方法

1. 对 V1、V2 轨之间的"轨间特技"轨上的过渡区域添加特技

只要 V1 轨和 V2 轨上的素材有相互叠加的部分，在 Tr 轨上会自动生成一段轨间特技。

在"资源管理"→"特技模板"中选择一种特技方式，把它拖动至"轨间特技"轨上，系统会自动以所选择的特技方式由前一个素材过渡到后一个素材。

选中特技轨上的轨间特技，单击故事板工具栏的"特技编辑"功能按钮（快捷键 Enter），启动"特技编辑"窗口，在"特技编辑"窗口中完成特技的制作和调整。

"轨间特技"过渡的快慢由两段素材叠加的长度决定，叠加的时间越长，过渡越慢；时间越短，过渡越快。如果想改变"轨间特技"的快慢，需要修改两段素材在轨道上的相对位置，或修改前一段素材的出点和后一段素材的入点。

操作方法如下：

（1）将两段视音频素材首尾相连放在 V1、A1、A2 轨上。

（2）单击第二段视音频素材，使它为选中状态。

（3）单击故事板工具栏中的"选中素材上移一个轨道"按钮，将第二段视音频素材移到 V2 轨上。

（4）修改第二段视音频素材的入点（前提是轨道素材入点前有多余的画面）或修改第一段素材的出点（前提是轨道素材出点后有多余的画面），两段素材之间有叠加部分，可以做"轨间特技"。

错误做法：如果把第二段视音频素材向前移动，两段素材之间也可以做"轨间特技",但是第二段素材的视音频素材出现错位(见图3-37)。

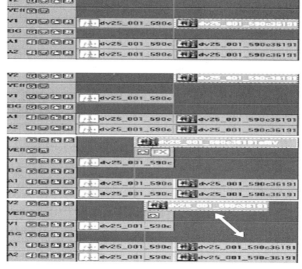

图3-37 "轨间特技"错误操作——视音频素材出现错位

在"轨间特技"轨上有一个小箭头,通过单击可以改变箭头的方向,同时改变"轨间特技"为入特技或是出特技(见图3-38和图3-39)。系统默认初始状态为出特技。

出特技:前一个镜头画面出,露出后一个镜头画面。

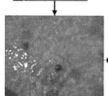   

图3-38 出特技

单击小箭头,改为入特技:后一个镜头画面入,覆盖在前一镜头画面上

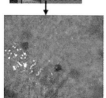  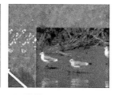 

图3-39 入特技

2. 通过"附加 FX 轨"对非 V1、V2 轨道上的素材添加特技来实现转场效果

对于不在 V1、V2 轨上的素材,可以利用"附加 FX 轨"来实现转场效果(见图 3-40),操作步骤如下。

图 3-40　利用"附加 FX 轨"实现转场效果

(1) 两段素材分别位于 V2、V3 轨上。
(2) 展开 V3 轨的"附加 FX 轨"。
(3) 在两段素材重叠的区域打入点和出点。
(4) 在"附加 FX 轨"上右击,在弹出的下拉菜单中,选择"入、出点之间添加特技素材"命令,在故事板入点及出点之间出现一段特技素材。
(5) 这段特技素材的编辑方法同"轨间特技"的编辑方法一样。
(6) 可以通过修改特技素材的入点和出点,调整过渡速度。

3. 通过轨道本身对非 V1、V2 轨道上的素材添加特技来实现转场效果

对于不在 V1、V2 轨上的素材,还可以通过对位于上面轨道的素材添加特技来实现转场效果(见图 3-41),操作步骤如下。

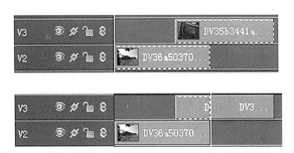

图 3-41　通过对位于上面轨道的素材添加特技实现转场效果

(1) 两段素材分别位于 V2、V3 轨上。
(2) 将时间线放在 V2 轨上素材的出点位置,将 V3 轨上的素材剪开。
(3) 选中 V3 轨上的第一段素材,单击故事板工具栏的"特技编辑"功能按钮(快捷键 Enter),启动"特技编辑"窗口。

（4）在"特技编辑"窗口中完成特技的制作和调整。

四、字幕制作

（一）字幕素材的创建

字幕素材的创建是通过内嵌在大洋 D^3-Edit HD 非线性编辑系统中的 XCG 字幕系统来实现的，用户可以完成各种字幕制作，包括标题字幕、各类图形、滚屏字幕、唱词字幕等。大洋 D^3-Edit HD 非线性编辑系统进入 XCG 字幕系统有 4 种方法。

（1）在主菜单中选择字幕选项，字幕素材包含项目、滚屏、唱词（又称对白）3 种类型，可根据需要选择不同类型新建字幕窗口（见图 3-42）。

图 3-42 新建字幕素材对话框

在素材名处输入素材名称，或采用系统默认的名称；通过"保存到目录"下拉列表选择相应的文件夹；单击"确定"按钮进入 XCG 字幕系统。进入的字幕系统窗口是小窗口显示模式，一般是在简单修改轨道上的字幕文件时使用（见图 3-43）。新建字幕文件时可以切换为大窗口操作模式。

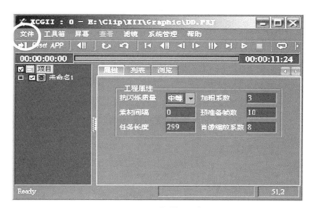

图 3-43 字幕系统

单击切换按钮 , 可进入图 3-44 中所示的操作界面。

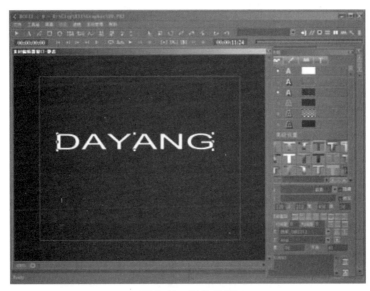

图 3-44 操作界面

(2) 在资源库中选中一个素材文件夹,在右侧的文件夹窗口空白处右击,从弹出的下拉菜单中选择"新建"命令,然后根据需要选择 XCG 项目素材、XCG 滚屏素材或 XCG 对白素材,进入 XCG 字幕系统(见图 3-45)。

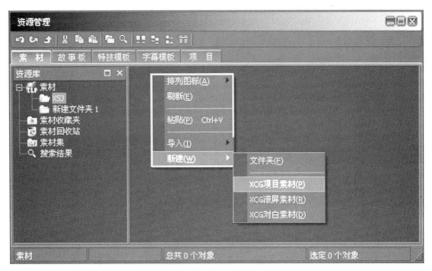

图 3-45 进入字幕系统

(3) 在素材管理窗口中,选中某一字幕素材右击,在弹出的快捷菜单中选择"编辑素材"命令,可进入 XCG 字幕系统对该素材进行修改或调整(见图 3-46)。

图 3-46　编辑素材

(4) 在故事板上选中需要修改的字幕素材,单击故事板中的■钮(或在键盘中直接按下快捷键 T),进入 XCG 字幕系统对所选素材进行修改或调整(见图 3-47)。

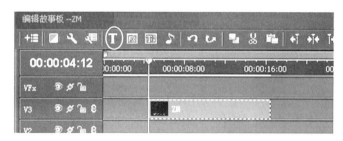

图 3-47　修改素材

(二) 字幕素材制作的基本方法

大洋 D^3-Edit HD 非线性编辑系统中的字幕素材分为 3 种类型:项目素材、滚屏素材、唱词素材。

1. 项目素材的制作

项目素材是指常用的字幕文件,包括字幕、图形等,也可以在项目素材里制作滚屏素材。

示例:"标题字"字幕的制作

(1) 打开主菜单,选择"字幕"→"项目"命令,进入 XCG 字幕系统。

(2) 单击切换按钮■,进入大窗口操作模式。

(3) 选取标题字图标(见图 3-48)。

图 3-48　标题字图标

（4）单击鼠标左键，在主编辑器窗口拖动出一个矩形框，此时有光标在矩形框的最左边闪动，使用键盘输入标题字，例如"DAYANG"。输入完成后，单击主编辑器窗口空白处，退出 XCG 字幕编辑状态。

（5）设置文字属性，并将字幕文件移至适当的位置。

（6）打开 XCG 字幕系统中的"文件"菜单，选择"导入到素材库"命令，将字幕文件导入大洋 D^3-Edit HD 非线性编辑系统中。

（7）退出 XCG 字幕系统。

2．滚屏素材的制作

滚屏素材是指对文字及图像的滚动播出，常用作片尾滚屏。

示例：滚屏素材的制作

（1）打开主菜单，选择"字幕"→"滚屏"命令，进入 XCG 字幕系统。

（2）单击切换按钮 ，进入大窗口操作模式。

（3）打开 XCG 字幕系统主菜单，选择"工具箱"→"滚屏编辑"命令（见图 3-49），同时在主编辑器窗口中按住鼠标左键拖动出一个矩形框，进入滚屏编辑界面。

（4）在滚屏文件的编辑界面中输入文字。

（5）设置文字的属性。

（6）在当前编辑窗口内右击，在弹出的下拉菜单中选择"退出"，弹出"是否存储滚屏文件"的提示，单击"确定"按钮保存滚屏文件。

（7）打开 XCG 字幕系统中的"文件"菜单，选择"导入到素材库"命令，将字幕文件导入大洋 D^3-Edit HD 非线性编辑系统中。

（8）退出 XCG 字幕系统。

图 3-49　滚屏编辑

3．唱词素材的制作

唱词（又称对白）编辑器是专门为制作对话、歌词类字幕素材提供的专用工具。

示例：唱词素材的制作

（1）打开主菜单，选择"字幕"→"唱词"命令，进入 XCG 字幕系统（见图 3-50）。

（2）在文本编辑区内直接输入文本，文本会显示在编辑区内。

（3）在文本后面的属性设置区设置唱词字幕的属性及入、出特技和播出位置。

（4）打开 XCG 字幕系统中的"文件"菜单，选择"导入到素材库"命令，将字幕文件导入大洋 D^3-Edit HD 非线性编辑系统中。

（5）退出 XCG 字幕系统。

图 3-50　唱词素材的制作

第三节　视音频文件输出

节目编辑的最终目的在于它的有效输出，非线性编辑系统提供了多种故事板的输出方式。

以大洋 D^3-Edit HD 非线性编辑系统为例，该软件提供了"素材/故事板输出到文件""故事板输出到素材""故事板输出到磁带""故事板输出到 P2"等功能。

最常用的是"素材/故事板输出到文件"功能，就是将素材或者故事板文件通过压缩转码，输出成为一个可供电脑播放的、标准的视音频文件。

"故事板输出到素材"功能可以将编辑完成的故事板文件合成一段素材，通过大洋资源管理器，为其他故事板所使用，通过这种功能，可以实现直接高效的二次编辑。

"故事板输出到磁带"功能在目前的硬件环境下使用并不特别频繁。该功能可以在需要时，把经故事板编辑过的视音频文件直接输出至磁带，便于保存。

"故事板输出到P2"的功能可以快速地将故事板所编辑的内容存储至P2卡，便于携带、保存。所谓P2，指的是松下摄录设备中较为常用的存储设备——P2卡。

随着网络流媒体技术的广泛应用，非线性编辑系统还可以将节目合成不同格式的流媒体进行网上发布。下面对每一种输出方式的实现方法进行介绍。

一、"素材/故事板输出到文件"功能

使用"素材/故事板输出到文件"功能，用户可以将选中的素材或设置的故事板区域转换为DVD、VCD、WinMedia、RealMedia、MPEG2 I、MPEG2 IBP、DV25、DV50、DVSD等不同格式的文件，还可在文件合成完成后根据需要选择是否通过网络上传到FTP服务器。

"素材/故事板输出到文件"功能的基本操作步骤如下。

（1）素材输出到文件。

如果是素材输出到文件可按如下方式打开"素材输出到文件"窗口：在主菜单中选择"输出/素材输出到文件"命令，或将素材调入素材调整窗口后执行扩展菜单中的"输出到文件"命令。

（2）故事板输出到文件。

如果是故事板输出到文件可按如下方式打开"故事板输出到文件"窗口：在主菜单中选择"输出/故事板输出到文件"命令，或在故事板空白处右击，在弹出的下拉菜单中选择"输出到文件"命令，弹出"故事板输出到文件"窗口（见图3-51）。

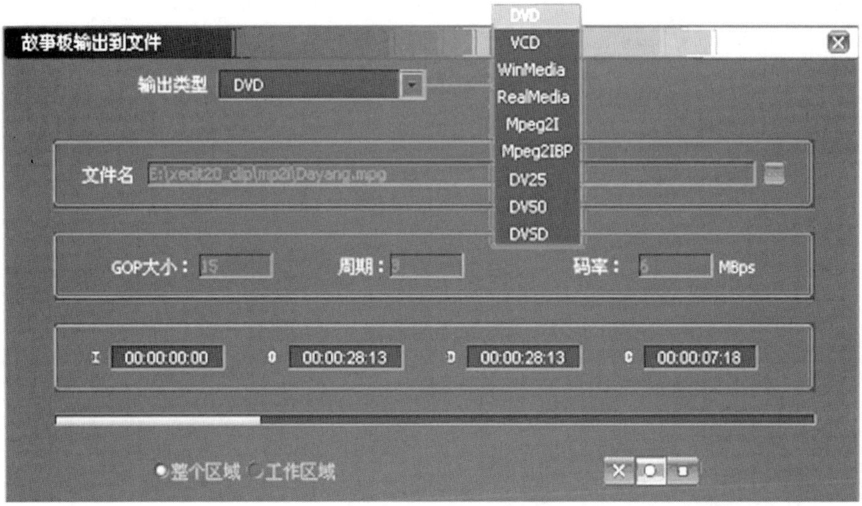

图3-51 "故事板输出到文件"窗口

然后在打开的窗口中进行如下操作可将素材或故事板输出成视音频文件。

(1) 选择输出文件的类型。
(2) 设置文件的保存路径和文件名称。
(3) 进行视音频格式相关的设置。
(4) 单击"输出"按钮，输出到文件，输出的过程中可以选择停止或放弃。
(5) 在文件合成结束时，根据提示可选择是否上传到FTP服务器，如果选择"是"，系统将启动上传FTP功能窗完成上传工作；如果选择"否"则回到"素材输出到文件"功能窗。

二、"故事板输出到素材"功能

"故事板输出到素材"功能，可以方便地将故事板的局部或全部区域输出为可以在其他故事板或系统中直接引用的素材或文件（见图3-52）。

图3-52 "故事板输出到素材"窗口

"故事板输出到素材"是将故事板输出为指定编码格式的视音频文件并导入素材管理器中使用，而"故事板输出到文件"则只在目标路径下生成文件，不会导入素材库中。

"故事板输出到素材"窗口与视音频采集界面十分相似，布局和按钮介绍可参考图3-2所示的视音频采集界面。

"故事板输出到素材"功能的基本操作步骤如下。

（1）打开故事板并播放故事板中剪辑的视音频内容，打入点和出点，设置故事板输出区域。

（2）在故事板空白处右击，在弹出的菜单中选择"故事板输出到素材"命令，弹出对应的功能窗，或在主菜单中选择"输出"→"故事板输出到素材"命令，弹出相应的功能窗。

（3）设置素材信息。

（4）选择输出信道。

（5）设置输出的视音频格式。

（6）参考剩余时间，确保有充足的存储空间。

（7）输出前通过播放控制工具再次浏览输出内容，可以重新设置入点和出点，调整输出区域。

（8）单击"输出"按钮，将故事板输出到素材，输出过程可以停止或放弃当前操作。

（9）单击"输出 TGA 串"按钮，可输出 TGA 串；单击"抓取静帧"按钮，可抓取静帧。

三、"故事板输出到磁带"功能

播放故事板的同时，在 VTR 上硬录就可以将节目下载到录机，该操作多用于不需要精确到帧的临时输出。而需要制作播出带或修改完成版磁带上的镜头时就会用到"故事板输出到磁带"功能（见图 3-53）。

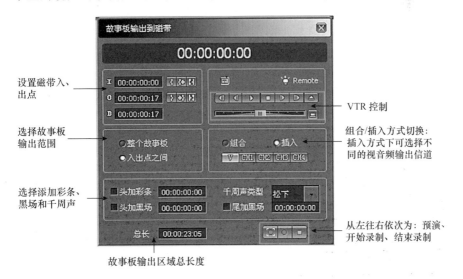

图 3-53 "故事板输出到磁带"窗口

在"故事板输出到磁带"窗口，用户可以实现如下功能。

（1）设置磁带入、出点：设置磁带的入、出点，或磁带的插入区域。

（2）VTR 控制：模拟录像机所进行的前进、倒放、播放等功能。

（3）选择故事板输出范围：是指在最终输出视音频内容时，是选择输出整个故事板的内容还是只输出入出点之间的内容。

（4）组合/插入方式切换：是指在输出时采用哪种方式输出，是只输出视频或者音频，还是视音频全部输出。

（5）选择添加彩条、黑场和千周声：为回录的节目前插入一定长度的彩条或黑场视频信号，以及不同类型的千周声音频信号。

（6）故事板输出区域总长：是指输出的视音频内容的总时长。

（7）预演/开始录制/结束录制：输出的视音频内容用这些按键进行是否正式开始输出、何时结束输出的控制。

"故事板输出到磁带"功能的基本操作步骤如下。

（1）打开故事板文件并播放，确认故事板输出区域。

（2）录机带舱中放入经过预编码的磁带，确保时码连续。

（3）录机调至遥控状态。

（4）在主菜单中选择"输出"→"故事板输出到磁带"命令，打开"故事板输出到磁带"窗口。

（5）设置磁带的插入点，或磁带的插入区域。

（6）选择故事板输出范围，选取输出"整个故事板"或"入出点之间"选项。

（7）选取"组合"或"插入"的录制方式，"插入"方式下可以选择不同的视音频输出信道。

（8）选择是否插入"头加彩条""头加黑场""尾加黑场"信号；确定"千周声类型"。

（9）如果选择"头加彩条"或"头加黑场"选项，还需在时间文本框中设置时间长度。

（10）单击"预演"按钮，满意后进行输出。

四、"故事板输出到 P2"功能

大洋 D^3-Edit HD 非线性编辑系统全面支持松下 P2 技术，不仅可以实现 P2 卡 MXF 文件的导入和卡上编辑，还可以将已编辑好的故事板回写到 P2 卡（见图 3-54）。

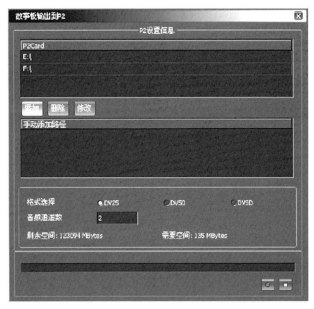

图 3-54 "故事板输出到 P2"窗口

"故事板输出到 P2"功能的基本操作步骤如下。

（1）打开故事板文件并播放，打入点、出点，设置故事板输出区域。

（2）在主菜单中选择"输出"→"故事板输出到 P2"命令，打开"故事板输出到 P2"窗口。

（3）系统默认输出到第一块尚有空间的 P2 卡，也可以选择手动添加路径。

（4）选择输出格式和音频通道数。

（5）单击输出按钮，将故事板输出到 P2 卡上，输出的过程可以随时停止。

第四章
电视新闻节目编辑

 本章导读

　　电视新闻节目编辑是一个系统的过程，只有做好前期策划与准备，完成新闻节目团队的组建，才能为电视新闻节目的录制打下良好的基础，进而为电视新闻节目的编辑铺平道路。消息类电视新闻节目在编辑时应遵循及时、准确、简明的原则；专题类电视新闻节目在保证事实准确的基础上应力求通过图像、声音等各方面表现节目的深度；评论类电视新闻节目应将"观点"作为节目制作与编辑的重心。每种新闻节目在编辑时都具有各自的特点，在掌握好编辑流程与理论的基础上，应参加大量的电视新闻节目制作的实践，才能使理论与实践紧密结合起来，制作出优秀的电视新闻节目。

常规电视新闻节目制作流程如图4-1所示。

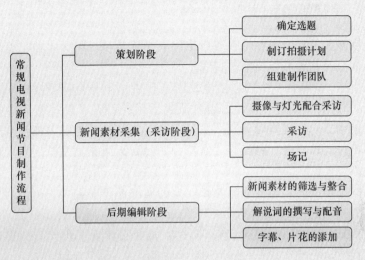

图4-1 常规电视新闻节目制作流程

第一节　电视新闻节目的含义与分类

一、电视新闻节目的含义

电视新闻节目一直在电视节目中占有主体地位，绝大多数电视台都将电视新闻节目作为其重要的节目源。

20世纪90年代，中国广播电视学会与中央电视台研究室组织电视新闻理论工作者和实践工作者，经过认真的讨论，在《电视新闻分类与界定》一书中，对电视新闻做出了如下定义："电视新闻是以现代电子技术为传播手段，以声音、画面为传播符号，对新近或正在发生、发现的事实的报道。"①

新闻报道的方式与理念随着新闻人的实践而不断发展、创新，传统新闻报道方式中的"TNT（Today's News Today）"原则被如今的"NNN"（Now News Now）原则所代替。而这一转变正体现了当代新闻报道"新近或正在"这一特征。

要实现"今天的新闻今天报道"到"现在的新闻现在报道"这一转变，需要以现代电子技术为传播载体，卫星传输、海事电话等新技术的出现，特别是移动互联网新媒体技术的高速发展使这一转变成为可能，观众可以在第一时间看到正在发生的新闻现场。

从电视新闻的定义和上述分析中可以看出，电视新闻节目是当代传媒技术与先进传播理念的结合，理念的更新与技术的发展使当代电视新闻节目具备了"两大同步"的特征，即：事件发生与事件报道的同步；新闻传播与新闻接受的同步。

随着网络与新媒体的不断发展，微博、微信等社交工具的出现，当代新闻报道出现了很多新的特征。微博作为大众新闻传播的新媒介，其自身独特的优势不但能够促进新闻的时效性，同时还能提高新闻传播的透明度。但是，微博内容的鱼龙混杂、来源的纷繁庞杂，也给电视新闻节目的采集与报道带来了极大的难度。微信作为熟人圈内使用最广泛的社交工具，在社群传播方面具有很大优势。但社群也为谣言提供了传播渠道，微信对谣言的及时净化能力不及微博，这也是摆在融合媒体时代电视新闻工作者面前的新课题。

---

① 杨伟光. 电视新闻分类与界定［M］. 北京：中国广播电视出版社，1994：3.

二、电视新闻节目的分类

电视新闻节目通常可以分为 3 种类型，即消息类电视新闻节目、专题类电视新闻节目、评论类电视新闻节目。

（一）消息类电视新闻节目

消息类电视新闻节目是电视新闻节目中最早也是最广泛采用的新闻报道形式。它能够迅速地汇总国内外主要新闻，简要、客观地传播国内外新近或正在发生的事件。报道迅速、语言精练、篇幅短小、事实客观是这一类电视新闻节目的特点。

根据消息类电视新闻节目的不同表现形式与载体，又可将消息类电视新闻节目分为以下几种。

1. 口播新闻

口播新闻即口头播报新闻，是指播音员、主持人在镜头前将消息的文字转化为有声语言进行传播的语言样态。口头播报是电视新闻报道最早的方式之一，也是现今电视新闻报道最常见的方式。在电视新闻报道方式多样化的今天，口播新闻仍然具有非常重要的作用，主要体现在以下两个方面：第一，能够快速地将新闻事件告知受众，增强了新闻的时效性。如2020 年初的新冠肺炎疫情，中央广播电视总台及各地方电视台在第一时间都进行了专题直播，因为疫情的特殊性，当前方记者无法进入收治新冠肺炎患者的定点医院时，演播室内的节目主持人只能用口头播报的方式将前方最新疫情传播出来。第二，口头播报具有提纲挈领的作用，能引导受众收看具体新闻内容。在某一新闻事件的画面与同期声出现之前，往往会有新闻节目主持人的一段导语，这段导语对具体的新闻报道起到预热和吸引受众的作用，两条新闻之间的导语和串联词还具有勾连和过渡作用，避免两条消息之间的连接过于生硬。

传统口播新闻的语言特点是"字正腔圆、语势稳健"，这一播报模式以中央广播电视总台《新闻联播》为代表；随着新闻节目报道方式的不断革新，一部分主持人打破了传统的"播音腔"的播报方式，采取了"说新闻"这一播报方式，具体表现在将消息文字"口语化"处理，用新鲜轻松但不失稳重与准确的语言将新闻播报出来，如凤凰卫视的《凤凰早班车》。

2. 图像新闻与图片新闻

与口播新闻相比，图像新闻最大的优点在于其视觉上的直观性，能够将新闻现场直接呈现在屏幕上，最大限度地让受众感受新闻的真实感。

图像新闻又可分为两种制作模式：一种是寻找与新闻事件相关的已有图像资料进行组接，如中央广播电视总台《新闻联播》在报道有关"三农"问题的新闻时经常会使用成熟的麦田、劳作的农民等相关镜头，凤凰卫视在报道国内财经新闻时也经常会用到中国人民银行办公大楼的镜头等；另一种是现场报道，随着受众收视要求的不断提高，当代电视新闻越来越呈现"现场化"趋势，各电视台在对新闻事件进行报道时大都会秉承着"我们在现场"这一报道理念，并力图将最有感染力、最具有新闻价值的画面呈现出来。

在无法得到相关新闻的视频时，新闻照片配文字解说的方式成为很好的补救，这便是图片新闻报道方式。图片新闻一般采用多幅新闻照片，这些照片均与该新闻事件相关，经过合乎逻辑的组接之后，使整组照片成为一个整体，具有图片蒙太奇的效果，配以解说，便可以达到较为完整的反映新闻事件的效果。

3. 电话采访、连线新闻

在无法获得新闻现场的视频图像或图片时，为了突出现场感，消息类电视新闻节目往往采用电话采访、连线方式，与身在新闻现场的记者进行连线，由记者用音频报道的方式将前方最新消息发回。随着新媒体技术的不断发展，通过手机进行视频连线采访也成为各个媒体机构常采用的方式，尽管存在信号不稳定与视频清晰度的问题，但视频连线采访带来的画面感与直观性是图片新闻难以达到的。

4. 字幕新闻

字幕新闻是电视新闻最简便的报道形式。目前，各个专业新闻频道如中央广播电视总台新闻频道与凤凰卫视资讯台均有整点新闻播报，当有新闻需要及时报道又无法赶上整点新闻时，字幕新闻以其灵活方便、简洁明快的特点承担了这一报道任务。而滚动字幕也已经成为各种新闻节目大量报道新闻的又一重要手段。

（二）专题类电视新闻节目

专题类电视新闻节目是指综合运用各种电视表现手段与播出方式，深入报道某一重大新闻事件或某些具有新闻价值又为广大观众所关注的典型人物、典型事件、社会热点的新闻报道形式。其节目时间较消息类电视新闻节目长，内容丰富、深刻，信息量大。

专题类电视新闻节目又可以分为专题报道和深度报道两种形式。

1. 专题报道

专题报道是指对新近或正在发生的重大新闻事实进行充分、完整、深入的报道和广泛而迅速的传播的报道形式。它要求全面反映新闻事件的概貌及其细节。专题报道通常是重大新闻动态报道的延伸、补充和深化，既具有消息类新闻的时效性，又具有专题报道自身的深度。

为了追求电视新闻的时效性，大部分的专题报道与电视新闻直播紧密结合。早在电视新闻发展的初期，西方新闻界就开始自觉运用直播的方式进行专题报道，比如1953年英国广播公司（BBC）对伊丽莎白二世加冕典礼的直播；在我国，随着技术的进步和电视从业人员报道经验的积累和观念的突破，在20世纪80年代，现场直播逐渐成为我国电视专题报道最重要的一种方式。

2. 深度报道

深度报道是一种深入的新闻报道方式，这其中的"深"有两层含义：其一，指的是报道主题的深刻性。选取该时期在社会上有重大影响并具有一定代表性的新闻事件进行报道，有浓厚的思辨性与理论性。其二，指的是报道方式的深入性。力图全方位、多角度地反映新闻事件的本来面目，并将该事件的来龙去脉、前因后果、矛盾演变、影响作用乃至发展趋势呈现在电视屏幕上。

美国哥伦比亚大学新闻学院研究生院教授梅尔文·门彻（Melvin Mencher）曾提出过"三层报道"的概念，他将新闻报道的方式按照深度的不同分为3个层次：对事实进行直截了当的报道是第一层报道，即消息类新闻；发掘事实表面现象背后的深度调查性报道是第二层报道；在事实性报道和调查性报道的基础上所做的解释性和分析性报道为第三层报道。深度报道便是建立在第二层和第三层报道基础上的报道理念。

中央广播电视总台的《焦点访谈》与《新闻调查》是深度报道类新闻节目的代表，两者虽然时长与报道侧重点不同，但都是针对一定时期内在社会上具有影响力的新闻事件的报道，并力求在报道广度上做到全方位、多角度，在报道深度上力求思辨性和理论性相结合。

（三）评论类电视新闻节目

评论类电视新闻节目主要是通过对新闻事实的分析发表议论，阐述道理，鲜明地提出电视台或评论者的看法。"电视评论源于报刊文体，有相当一部分样式类似于报刊评论。同时，在传播实践中也逐渐形成了诸多适应自己传播特点的节目形态和评论样式。"[1]

中央广播电视总台的《新闻1+1》《新闻周刊》，东方卫视的《今晚60分》都属于较为典型的新闻评论类节目。除了受访专家对某一新闻话题进

---

[1] 涂光晋. 广播电视评论学 [M]. 北京：新华出版社，1998：265.

行评述之外，这些节目还运用了多种电视手段，如画面、声音、图表、解说等方式配合评论主题，使节目形式更加丰富，也在最大程度上发挥了电视传播的优势。

第二节　电视新闻节目的编辑

一、电视新闻节目制作的组织结构

电视新闻节目的制作需要多工种的协调和合作才能完成。因此，电视新闻节目的制作过程，也是各工种人员密切配合的过程。一个电视新闻节目的制作过程基本可以分为制作和播出两大阶段。以下通过对这两个阶段的组织结构的介绍来了解电视新闻节目制作的组织结构。

1. 电视新闻节目制作阶段的组织结构

电视新闻节目制作阶段的组织结构如图 4-2 所示。

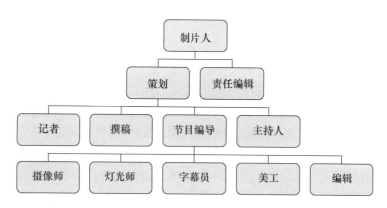

图 4-2　电视新闻节目制作阶段的组织结构

（1）制片人。

制片人是某一特定新闻节目或独立新闻节目的负责人。制片人对该节目所播出的所有报道的编辑负总责，保证节目的正常运转和顺利完成。

（2）策划。

策划负责在新闻节目选题、拍摄、撰稿等制作过程中提出建议或意见，力求使节目获得更高的收视率和美誉度。策划可由电视台内部工作人员担当，但如今更多的电视节目会聘请部分学者与专家参与到策划过程中来，主要合作对象是记者、撰稿、节目编导、主持人等人员。

① 记者。

记者是新闻素材采集的主要负责人。记者的基本职责是采访，采集具有新闻价值的新闻素材，并对编辑提出制作意见，协助编辑完成节目的后期制作。出镜记者还应负责出镜报道相关新闻。

② 撰稿。

撰稿负责对节目的文字语言进行梳理和润色。节目的文字语言主要包括节目片头的导视语、主持人的主持词、节目播出过程中的解说词等。文字能力较强的记者往往兼任这一职位。

③ 节目编导。

节目编导是一个复合型、多样化的工作岗位，既可以承担电视节目台本编撰、现场编排、后期编辑等工作；又可以承担电视节目的现场导播、导演乃至摄像等工作。所以，电视节目编导是集编、导于一体的复合型人才和职业，其主要合作对象是摄像师、灯光师等人员。

● 摄像师。

摄像师运用专业设备采集新闻图像和声音素材，使电视新闻节目的画面与声音效果达到最佳。

● 灯光师。

灯光师主要负责新闻采集、制作、播出中的布光工作。

● 字幕员。

字幕员配合节目后期编辑在制作过程中对屏幕中的标题、字幕进行制作。

● 美工。

美工负责新闻节目制作过程中的视觉美化，如制作图版、道具及设计演播室布局等。

● 编辑。

编辑负责将摄像师、记者采集的新闻素材进行后期编辑，制作成为符合播出要求的电视新闻节目成品。目前的电视新闻节目制作过程中，记者与编辑两个岗位联系最为密切，记者将该期节目或该条新闻的制作思路与拍摄思路和编辑进行仔细沟通后协助编辑完成后期制作。

④ 主持人（播音员、主播）。

主持人（播音员、主播）是节目的形象标识之一，是新闻节目制作过程中的最后一环，在很大程度上代表着节目的风格与立场。在具体的职责范围方面，主持人、播音员、主播三者有所不同。播音员的主要任务是将节目的文字语言转换为有声语言传播出去，负责解说词的配音，每条新闻的导语及现场播报。主持人的任务除了将文字语言转换为有声语言之外，还要参与节目的策划、撰稿、现场采访等环节，如《新闻调查》的主持人便是如此。主播是整个新闻节目的把关者，不仅参与新闻节目制作的每一环节，而且有最终的决定权。

(3) 责任编辑。

责任编辑负责当天该节目的具体运作。在制片人的指导下确定当天节目的选题、拍摄及播出任务。

2. 电视新闻节目播出阶段的组织结构

电视新闻节目播出阶段的组织结构如图 4-3 所示。

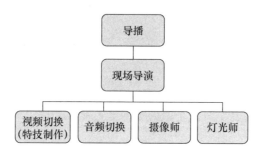

图 4-3 电视新闻节目播出阶段的组织结构

(1) 导播。

导播是节目播出阶段的核心职位，负责全面指挥、协调节目的播出。导播的基本职责是节目播出时的现场调度和调控，以通用口令现场指挥，调度各相关工种协同作业，保证节目的顺利播出。在现场直播节目中，导播的位置更加重要，直播现场的主持人、摄像师、灯光师等都由其进行统一调度。

(2) 现场导演。

现场导演负责在新闻节目录制现场进行调度和指挥，与在导播间的导播密切合作。新闻节目是否设现场导演，要根据其特点与性质来决定。现场导演的主要合作对象有视频切换（特技制作）、音频切换等人员。

① 视频切换（特技制作）。

视频切换负责播出时所有视频信号的控制，根据导播口令及时切换视频图像，叠加字幕、图标、播放片花等。

② 音频切换。

音频切换负责播出时音频的调控，根据导播口令及时切换播出声音，并将声音效果调整到最佳。

③ 摄像师。

播出阶段的摄像师主要负责演播室现场画面的捕捉，根据导播口令选择拍摄对象及拍摄景别和技巧。

④ 灯光师。

灯光师根据现场要求调节照明，使灯光符合录制和播出要求，也符合节目进程的气氛。

二、电视新闻节目的编辑流程

电视新闻节目的类型多种多样,其编辑流程也不尽相同。按照其特点和播出方式,大致可以将电视新闻节目的编辑流程分为两类,一类是日播或周播的常规电视新闻节目,一类是大型专题直播节目。

(一) 常规电视新闻节目

1. 策划阶段

(1) 确定选题。

确定选题是策划的第一步,也是决定该期节目成功与否的一个重要环节。确定选题应考虑以下几条原则。

① 应注意选题的新闻价值。确定选题时要衡量该选题是否具备较高的新闻价值,是否符合新闻价值五要素,即时新性、重大性、异常性、接近性和趣味性。

第一,时新性。新闻的时新性应包括两方面:新闻事件本身的新鲜性和媒体报道的及时性,即通常所说的时效性。新闻事件本身的新鲜和媒体报道的及时是判断新闻是否具备时新性的两杆标尺。

第二,重大性。新闻的重大性是指该新闻是否能够引起更多人的关注、是否能影响更大范围的群体,越是关乎国计民生、影响世界秩序的新闻越具有价值。

第三,异常性。人们常说"狗咬人不是新闻,人咬狗才是新闻",这指的便是新闻事件的异常性。异常性是新闻事件吸引受众的重要元素之一,正因其异于常人的生活,才能激发受众的猎奇心理。

第四,接近性。新闻的接近性是指新闻事件发生的时间与空间离受众越接近,越能引起受众的关注与共鸣,这样的新闻也越具有价值。

第五,趣味性。新闻的趣味性一方面指的是新闻事件本身的趣味性与人情味,另一方面指的是叙事方式的趣味性,如今很多新闻节目都采用故事化的叙事方式便是力求将生硬的新闻软化,以期吸引更多的受众。

② 应注意舆论导向的需要。任何一个时期社会都有自己的主流意识形态,新闻节目有责任引导受众的思想与主流意识形态结合,合理引导受众,以利于保持社会的安定,为经济发展创造良好的环境。

③ 应注意受众的需求。受众需要新闻,一是对信息的需求,这是受众收看新闻的最直接目的;二是对知识的渴求,新闻节目是大众求知的最方便渠道之一;三是娱乐需求,新闻在传递信息、传授知识的同时,还在某种程度上起到了娱乐大众的作用,但应防止单纯追求新闻的娱乐化报道,这背离了新闻的本质;四是生活需求,衣食住行是百姓最关心的话题,在

特殊时期（如节日、假期乃至金融危机时期），民生话题便是整个社会都关注的焦点，在这样的环境下新闻节目应适时调整报道侧重点。总之，同一时期不同受众所关注的新闻是不同的，不同时期同一受众所关注的新闻也是不尽相同的，电视新闻工作者应密切关注受众的需求，力求满足更广范围内的受众需求。

④ 应密切关注其他媒体的报道。新闻媒体竞争的首要层面无外乎"快"与"准"二字，但在如今这个新媒体时代，快速度抢占先机已经不是新闻报道竞争过程中的最重要一环，电视新闻工作者应考虑从各个方面挖掘该新闻事件的新闻价值，将重点从是什么转移到为什么上来，如新闻的深度和影响等。

选题确定之后，便需要制订拍摄计划与组建制作团队。

(2) 制订拍摄计划。

制订拍摄计划可以分为两部分，一部分是该选题的拍摄与制作方法，即采用哪种方式、运用哪些手段将选题拍摄出来，从哪些角度来挖掘选题的意义与影响；另一部分则是具体拍摄流程与拍摄日程的制定，在合理的时间内完成新闻素材的采集与后期制作。

(3) 组建制作团队。

要根据节目的性质来组建制作团队，如果节目是常规的日播或周播新闻节目，即通常所说的常规节目，那么该节目往往应组建相对固定的制作团队，即节目组。节目组团队的编制应遵循人尽其才、物尽其用的原则，争取用最少的资源获得最大的效益；如果是大型专题节目或大型直播节目，则要视规模的大小充分整合本台的各类资源，达到集中力量办大事的效果。

制作团队组建完毕，有一部分工种的工作就应马上开始，如前期的文案工作，包括拍摄计划、工作台本的撰写，新闻背景资料的查找与整理，被采访对象资料的查询与整理等。

2. 新闻素材采集阶段

在新闻素材采集阶段，记者是工作团队的核心，记者的采访是工作的重点。

一般的短消息由于时间短、信息量小，同期声少，所以不以采访见长，多以新闻画面的采集和简短的采访相配合，并辅以解说词和播音员的导语。

在新闻专题类节目中，采访占有极为重要的地位。它不仅是节目内容的主体，而且也是节目的基本构成因素和基本形态。一名记者的采访技巧、采访经验、采访准备、采访程序的设计直接决定了采访活动的成功与否，也影响着该期节目的质量。

在采访准备方面，记者应在采访前完成对新闻背景资料的了解以及对相关专业知识的掌握，与节目负责人一起拟定出拍摄计划大纲和提问大纲。

在采访过程中，记者应针对不同的采访对象采取不同的采访策略，用平和的心态、平等的角度、平衡的意识，通过多种访问技巧达到采访的目的。

在采访过程中，摄像、灯光等其他工种的配合也是采访能够顺利完成的必要条件。在电视新闻节目越来越强调现场感、强调直播的时代，记者和摄像师、灯光师必须具备现场意识，做好同期录音、全程拍摄及现场抓拍等，使节目能够重现由逼真的影像和生动的话语所构成的现场场景。

3. 后期编辑阶段

新闻素材采集结束后，后期编辑要大致经过粗编和精编两大过程。

消息类电视新闻节目因为对消息的时效性要求非常高，因此消息类电视新闻节目的编辑往往遵循及时、准确的原则，消息真实、报道及时是其最根本要求，对画面的要求没有专题类电视新闻节目细致，因此大多不要求进行精编。

专题类电视新闻节目则非常讲究节目的叙事方式，因此工作的第一步往往是反复观看采集的新闻素材，找出不同画面与不同人物采访之间的关系和冲突，形成编辑思路与叙事方式，甚至将本期节目的分镜头本写出来，根据写好的分镜头本寻找、整合画面。粗编结束后，要根据已经形成的画面顺序和叙事逻辑撰写解说词，解说词除了具有解释说明、交代背景的功用之外，还能够直接或间接地表达报道者的观点或情感，也是对画面与声音信息的一次整合和串联，使节目显得更加浑然一体。

精编是对节目形式的调整与包装，如选择配乐，解说词配音，添加字幕、片花等。

4. 成片的送审与播出

在编辑完毕后，该期节目的责编需要将编辑好的成片送审，主要从节目的报道内容、外在形式等方面进行审查。如果成片内容在舆论导向、报道口径、包装形式等方面出现问题，成片需要回到后期编辑过程，重新调整与修改，直至符合要求，才能最终实现播出。

（二）大型专题直播节目

大型专题直播节目包括重大直播、特别报道、突发事件报道的现场直播，其工作程序要比常规电视新闻直播节目相对复杂。大型专题直播节目的基本工作流程介绍如下。

1. 确定选题

确定选题是一切电视新闻节目的基础，在常规电视新闻节目中已有详细介绍，这里不再赘述。

需要注意的是，重大、突发事件的直播报道往往直接跳过选题过程，将前方的最新消息与画面及时、准确地呈现在屏幕上成为节目直播的首要任务，如"汶川地震"的直播报道，在初期的直播过程中，受众最关心的是前方的灾情如何，这一段时间内前方传来的任何消息都会引起受众足够的重视。

2. 前期准备

前期准备包括文案准备与实地考察两方面。选题确定后需要与有关部门、机构建立合作关系，并保持不间断联系，通过这些机构获得第一手的资料，并获得专家的智力支持，详尽地了解事件的情况。在大致掌握了事件情况并有了初步的报道思路后应到事件现场进行实地考察，了解当地的地理环境、气候特点等。实地考察结束后，应根据已有材料和实地考察的结果，确立报道的基本思路和大致规模，并形成初步的文案。

3. 直播方案申报

重大直播节目的报道规模往往比常规节目要大得多，所需要的人力、物力和财力投入也需要增加，对于特别重大的直播节目，如庆祝中华人民共和国成立70周年阅兵式直播，中央广播电视总台往往是举全台之力进行报道。因此，申报直播方案，向上级主管部门说明所需人力、物力、财力的具体数量，由上级主管部门进行统一调配，这是保证重大直播节目的报道顺利完成的前提。直播方案的申报内容见图4-4。

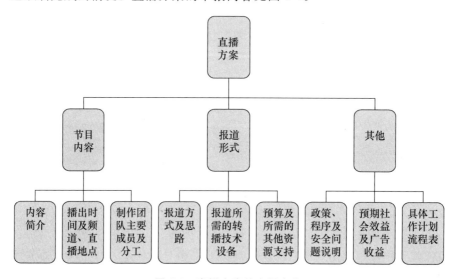

图4-4　直播方案的申报内容

4. 组建直播团队

如图4-5所示为直播团队的构成。

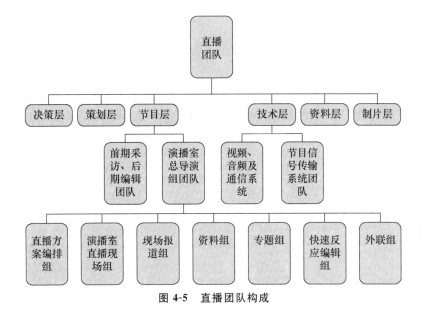

图 4-5 直播团队构成

毫无疑问，在直播团队的构成中，节目层中的演播室总导演组团队是直播团队中的核心部分，其他团队为该团队提供各种保障，以保证节目直播的顺利进行。演播室总导演组团队由以下几部分构成。

（1）直播方案编排组：负责直播方案的总体编排与协调。

（2）演播室直播现场组：完成演播室内的直播任务。

（3）现场报道组：完成新闻发生地的现场报道任务，设有出镜记者、摄像师。

（4）资料组：收集相关资料并整理，供节目组使用。

（5）专题组：提供新闻专题与背景短片。

（6）快速反应编辑组：将第一手新闻画面资料即时、快速编辑播出。

（7）外联组：根据节目需要联系、协调专家、嘉宾。

5. 制订详尽的直播工作计划

这一阶段主要包括筹备制定直播台本，确定机位分布，出镜记者制定完备的直播内容并做好现场采访前的案头准备工作，勘察直播过程中的通信保障等工作。

6. 直播现场的设计与考察

这一阶段主要包括两部分任务。一部分是演播室内场景的设计与搭建。另一部分也是更为关键的部分，即新闻事件现场的考察，在考察现场的过程中应考虑摄像机位的设置、通信设施及信号传输的保障、动力（电力）保障、安全保障等问题。

7. 工作台本的制定

随着直播日期的临近，应制定出较为详尽的演播室工作台本，将直播时的工作文字化并固定下来，修改、调整无误后交给各部门参考与使用。

8. 直播准备阶段

在直播开始前，还应做好宣传片、片头及专题片的审定工作，并敲定最后的文字稿和字幕内容，在直播开始一周或几日前在本台进行节目推广，也可以通过其他媒体进行节目宣传。

9. 现场直播

现场直播开始前各工种提前到岗，并进行直播设备调试。直播开始后，演播室总导演组中的导播根据制定好的导播台本和现场情况进行画面切换与调整，除重大调整需请示演播室总导演组乃至决策层外，一般技术性改变由导播自行决定，现场的主持人、摄像师、灯光师需服从导播指令，统一步调使直播顺利完成。

示例 4-1　消息类电视新闻节目经典案例欣赏

节目简介：该新闻是由中央电视台记者王晓琨、周勇、李庆庆、李宾报道的，新闻内容为"美国反华提案在联合国人权会议再遭挫败"，该新闻获得中国广播电视新闻奖 2000 年度电视新闻短消息类一等奖。

节目分镜头本：节目分镜头本如下表所示。

"美国反华提案在联合国人权会议再遭挫败"新闻节目分镜头本

镜号	景别	摄法	画面内容	长度	解说词	同期声	音响
1	中	固定	播音员播报	22秒	联合国人权委员会第56届会议北京时间今天晚上举行唱名表决，通过了中国代表团提出的不采取行动动议，决定对美国提出的所谓中国人权状况的议案不予审议和表决。美国在人权会议上利用人权问题干涉中国内政的图谋再次遭到失败，请看本台记者从日内瓦发回的报道		
2	中	固定	出镜记者在会议现场报道	9秒	各位观众，第56届联合国人权大会以22票赞成，18票反对，12票弃权通过了中国代表团提出的对美国有关中国人权状况决议的草案不采取行动的动议		

(续表)

镜号	景别	摄法	画面内容	长度	解说词	同期声	音响
3	小全	固定	会议主席宣布表决情况，用小锤敲击表示决议通过	7秒		会议主席宣布表决结果与票数	敲锤声、掌声
4	全	摇	宣布结果后与会者鼓掌通过	4秒			掌声
5	小全	固定	中国代表团人员的反应	3秒	这是中国自1990年来在联合国人权大会上，第9次挫败美国和西方一些国家提出的反华人权提案		
6	小全	固定	来自古巴的代表竖起大拇指表示赞同表决结果	2秒			
7	小全	移动	其他与会者的反应	2秒			
8	全	拉	中国代表团代表在表决前的发言	6秒	中国代表团团长乔宗淮大使在决议草案表决前的发言中指出美国代表声称中国人权状况近几年严重恶化完全是信口雌黄		
9	小全	固定	美国代表在低头耳语交换意见	3秒			
10	中	固定	中国代表发言	9秒		乔宗淮大使发言	
11	全	摇	与会者的反应	7秒	乔大使还指出中国提出不采取行动动议有充分的法律依据，而在大会上使用特殊化和双重标准的正是美国自己，搞霸权主义、强权政治、企图支配他人民命运的做法只能是绝路一条		
12	小全	固定	计票人员在计票	2秒			
13	全	拉	会议结束，与会人员与中国代表握手	4秒			
14	中	固定	中国代表团成员与其他国家成员握手	2秒			

第五章
电视纪录片创作

 本章导读

电视纪录片是当今最具时代活力、具有异乎寻常的渗透力和感染力的电视节目之一。作为广播电视专业的学生，应该熟练掌握电视纪录片的制作流程和方法，以完善动手实践操作能力。

本章介绍了电视纪录片的创作，包括前期准备、中期拍摄和后期加工三个阶段。前期准备包括获取选题、组织创作团队、策划文案写作以及相应的物质准备。中期拍摄包括画面拍摄、声音录制、采访以及导演的现场调度。后期加工包括素材粗剪、电视纪录片精剪、解说词创作、配音、音乐编配以及后期合成。

后期加工中，导演和剪辑师应通力合作，在搭建好故事框架和结构的基础上，保证画面和声音的完美结合，最终完成一部优秀的电视纪录片。

电视纪录片创作流程如图 5-1 所示。

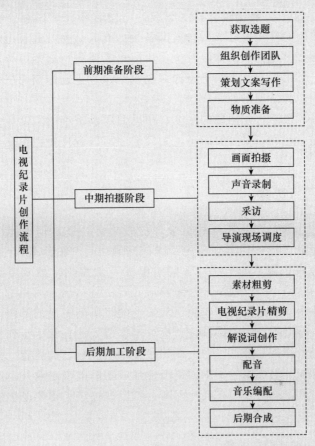

图 5-1 电视纪录片创作流程

第一节　电视纪录片创作的前期准备阶段

对一部电视纪录片而言，前期准备阶段包括获取题材、组织创作团队、策划文案写作以及必要的物质准备等。有人认为，电视纪录片在拍摄过程中有很多不可预测的情况发生，所以不需要进行前期准备，这种想法是错误的。如果没有清晰的思路和对电视纪录片主题的全面把握，即使拍到了素材，也无法很好地完成作品。

在准备阶段，考虑问题的深度、预见问题及困难的广度会极大地影响拍摄过程是否顺利。更重要的是，充分的前期准备将使创作变成一个条理清晰的过程。

一、获取选题

题材的选取对于一部电视纪录片的成功有着举足轻重的作用。作为一个电视纪录片的创作者，首先碰到的问题就是"拍什么"。这个"拍什么"就是电视纪录片的选题。选题对电视纪录片创作的重要性是不言而喻的，因为这是不少电视纪录片编导从实践中总结出来的经验。电视纪录片的表现范围似乎是无所不包的，从天上的飞鸟到海底的动物，从平常习见的公路、桥梁到人类尖端科技，从都市普通人的日常生活到偏远地区少数民族的奇风异俗，都可以在电视纪录片中找到自己的位置。但是，作为一个创作者——电视编导要想创作出一部成功的电视纪录片，选题是极其重要的第一步。这一步，在某种程度上可以说决定了将要诞生的电视纪录片的质量。

（一）获得选题的途径

1. 来自上级布置的任务和集中策划

上级主管部门每年都会给电视台下达一定数量和内容的纪录片选题，甚至会指定一些选题。在这样的背景下，很多电视纪录片的创作是从上级任务着手的，由一个编导的创意策划开始，经由集体的合作共同完成。有时还会因为某个影展或比赛的原因，电视台必须拿出作品参赛而组织团队创作电视纪录片。如中央广播电视总台的《焦点访谈》的不少选题就是上级布置的。有很多具有一定影响力的优秀电视纪录片也是如此，如记录少儿基金会实施的"春蕾计划"的《几代女人一个梦》是由全国妇联发起的；《话说长江》《话说运河》《大京九》《龙脊》等均为此类选题。

2. 来自其他的媒体

电视纪录片选题的另一个重要来源，就是其他媒体，如报纸、电视、广播、书籍以及互联网。在实际创作过程当中，很多电视纪录片就是把那些已经在其他媒体上报道过的题材，重新制作包装，以新的视角和拍摄方法，重新诠释这一题材。如《阮奶奶征婚》《在一起》等都是从其他媒体上获得选题，重新拍摄制作完成的电视纪录片。

3. 来自观众

中国有数量庞大的电视观众，这是不可限量的可利用资源。现在很多电视台都非常注重观众的参与性，利用开通故事征集热线等方式缩短与观众之间的距离。每天发生在编导身边的事情是有限的，可是发生在普通观众身边的故事却是不容小视的巨大资源。编导可以通过观众获得不计其数的故事选题。

4. 来自编导生活中的发现和感悟

作为艺术工作者，在生活中寻找选题和创作灵感的能力是必不可少的。我们生活的世界丰富多彩，每天都会有很多故事发生。电视纪录片编导应该用自己的眼睛观察和关注着视野所及范围内的每一个细微的变化，要能够从别人看似寻常的事情中，发现它的特别之处，这需要编导们用眼睛和心灵去发现、感受、挖掘。

2004年举办的广州国际纪录片大会上，张以庆拍摄制作近四年之久的《幼儿园》（见图5-2）夺得了此次大会的唯一大奖。此前的第十届上海国际电视节还授予该片"最佳人文纪录片创意奖"。国际评委认为这是一部"寓言式的"作品，既"完美地展现了童年生活本身"，又"非常清晰地展示了儿童世界是成人世界价值观的折射""全世界每一位观众都能产生共鸣"。全片所突出的一个主题就是，孩子们的世界并不是像大人们想象的那样单纯且无忧无虑，孩子们也有自己的烦恼，也懂得用自己的头脑去思考世界上的问题。张以庆用他多年的观察和感悟，描绘了一个成人的童年记忆；用他独特的眼光和思考角度，创作出这个区别于其他儿童题材的优秀电视纪录片。

图 5-2 《幼儿园》片段

题材的发现有时甚至是非常偶然的。例如，《我爱孩子更爱书》一片的摄制组在谈到这部片子时说，原先他们的选题并不是女军官和她的孩子，而是连队的一位优秀司务长，但他们在采访回来的路上，在车厢里偶然遇到一家医院的文职女军官贾丹兵，她一面带着孩子，一面用业余时间写了五本书，孩子的欢笑声和女军医的钻研精神打动了摄制组，结果他们放弃了原来的选题转而拍了这部反映女军官和孩子的片子。

（二）选题的价值标准

当获得若干线索之后，电视纪录片创作者要从这些线索中挑选一个可能拍摄的好选题。所谓好选题，就是题材本身具有较高的信息量、审美价值高、对观众有较高的吸引力等。我们可以从以下几个方面来判断选题是否有价值。

1. 是否具有记载史料的价值

作为一种影视作品类型，电视纪录片与其他片种最大的区别在于它是一种"记录"的艺术。纪录片的责任也就来自这种"记录"。现实题材的内容决定了它一定要真实地记录一个过程，让真实的过程来反映时代的特点。这一特点决定了现实题材的纪录片着眼点是现在，创作者所要恪守的准则是：忠实地记录。至于它的历史价值，则需要一段时间，让后人去感悟、比较和评说。人们可以从《远在北京的家》中，感受安徽小保姆的一段生命历程；可以在《最后的山神》中，探寻那即将消逝的文明。创作者所要恪守的准则不仅是忠实地记录，还包括客观地评说。现实题材的纪录片的历史价值可以直接呈现在观众的面前，让观众感受和领悟历史的变迁。从长远看，它又是对历史的现代阐释，反映这一代人对历史的看法。除了文献和事实，思想内容也是其历史价值的一部分。例如，《毛泽东》《邓小平》两部片子不仅展现了一代伟人光辉的一生，也渗透了作者这一代人对他们的评价。

2. 是否具有社会普遍性

在以人类社会为题材的电视纪录片选题中，选题的社会普遍性是评判纪录片选题价值的另一个标准。人类社会中每天会发生不计其数的事情，在不同的时空和不同的人群身上，可能发生着同样或者类似的事情，这些事情正困扰着很多人，对于这些事情的反映和记录，是电视工作者的职责。比如失业、就业、老年人再婚、儿童失学、医疗保健、住房紧张等问题，都是很多人所关注的。电视纪录片不但能够从某种程度上帮助政府了解百姓的困扰和出现的问题，起到上传下达的作用，也能够帮助普通百姓找到解决问题的方法。这样的选题不但会使观众感到亲切，也考验了创作者对拍摄对象的认识程度和把握能力，这样的作品具有卓越的艺术魅力。

3. 是否具有人情味

当代电视纪录片都很强调人情味，即使是拍摄动物世界，比如《帝企鹅日记》，也都拍得很有人情味。世界上什么东西最能打动人呢？是人的命运，是人与人之间真诚的情感，这种情感，正是人们心灵沟通和感情交流的基础。一部电视纪录片如果能抓住这些，就不怕不能打动观众。所谓人情味，就是要在事件中突出人，因为相对于事件来说，人才是主要表现的内容，而对于人来说，则要在人的行为中强调内心的情感。从普通人的生活中拍出不寻常的东西，靠的就是人情味。一件本来很普通、很常见的事情，由于有了浓浓的人情味，顿时会变得有趣、生动起来。

4. 是否新鲜，具有趣味性

随着电视的普及，观众的欣赏口味也在发生着日新月异的变化，各种类型的电视节目都在不断地满足观众的各种不同需求。许多内容和题材被重复地拍了又拍，早已经使观众失去了兴趣。在这种情况下，更需要创作者付出更多的心血和更多的时间来寻找新的内容和选题，同时力图在普通的题材中找到新的观察角度。

（三）选题选取的实务化过程

1. 调查步骤

（1）了解相关的历史、地理、政治、经济、科技、文化等背景知识。电视纪录片的拍摄需要创作者对所要拍摄的题材相当熟悉，对于相关的背景知识和相关材料要提前准备好。如拍摄历史题材，应该了解相应历史资料；拍摄自然题材，应了解当地自然环境、天气情况；拍摄法律题材，应了解相应的法律法规；拍摄人文题材，应了解故事背景、当地的风土民情等。

（2）查找、观摩相同题材或相似题材的同类型片子。在开始拍摄之前，创作者一定要了解有关这个题材的、已经出现的作品。在观摩过程中，一方面可以了解别人认识这个题材的角度，发现他在创作中的优点和不足，在获得启示的同时，还可避免犯一些不必要的错误，避免和前人的题材完全相同。

（3）深入拍摄现场实地调研。一切计划都是纸上谈兵，创作者只有亲自深入拍摄现场进行实地调研，才能真正了解自己的实际工作环境和可能出现的问题。在这个过程中，接触和了解具体的人物、社会环境和地理环境是必不可少的工作过程，挖掘这些因素影响事件发展的可能性，也对可能出现的问题有所预估，并在正式拍摄之前做好相应的解决方案。

2. 调查手段

（1）现象观察。大多数电视纪录片的选题都是关注事件和人物的选题，在前期准备过程中，创作者对于事件敏锐的观察和深入的分析是最为有效的调研手段。比如，从整体上了解这个地理范围内，人的总体生存状态，历史渊源，人们的观念和生活方式；对与要拍摄主题相关的人物、事件进行观察，观察人物的行为举止、性格特点，观察事件的发展方向。在这个过程中，创作者应该保持高度的敏感性和清醒的头脑，透过人物和事物的表象看到内在的本质。

（2）采访谈话。在拍摄之前，创作者应和将要拍摄的对象以及相关人士、拍摄地的居民、对于拍摄题材有一定了解的群众等进行交谈，这一步是必不可少的。如果没有之前的交谈和沟通，拿过摄像机就拍，是不可能完成任务的。交谈是了解一个人和一件事的过去、现在和未来最直接的途径，也是最有效的方法。在拍摄前的采访交谈中，编导不但要尽可能多地对人和事进行了解，也要和当事人做好感情上的沟通，这样在中期拍摄的时候，被采访者才会更加信任创作者，配合采访，这样才会使拍摄工作更加顺利地完成。

在前期采访谈话过程中，根据拍摄的主题，可能涉及的被采访者包括以下几方面人士：① 关键性冲突、关键性事件的亲历者、见证者；② 要拍摄的以人物为主的电视纪录片的主人公；③ 社会中对立的两极，对于某个问题持完全不同的观点的人士；④ 拍摄地当地的居民和了解情况的群众；⑤ 某领域权威的领导或专家。在前期采访中，编导应根据不同的采访对象选择相应的沟通方式和提问技巧。因为前期准备阶段还没有开始拍摄，所以应该努力营造一种轻松、开放的谈话氛围，促进情感上的交流。在这个阶段，编导应该充分利用受众的录音设备，将被采访者不经意的一些只言片语记录下来，以备不时之需。

3. 调查内容

对于不同的电视纪录片选题，调查的内容取向会各有不同。电视纪录片创作者们必须明确以下几个方面的问题。

（1）我是否对该选题感兴趣？是否愿意投入情感同时又保持公正的态度？

（2）我拍摄制作这部纪录片的目的是什么？我想通过这部纪录片说明什么？挖掘的内涵是什么？这部纪录片的主题和社会意义是什么？这些都有何独特之处？

（3）我对这个选题的领域了解到什么程度？关于该选题的历史渊源、相关背景知识是什么？其他媒体曾经报道的角度是什么？对我有什么启示？

（4）拍摄对象或事件是否具有故事性？有多少故事线索？戏剧冲突在哪里？故事可能发展的方向是什么？故事发展在近期内是否有结论？

（5）主要人物是谁？他所承载的意义是什么？我是否了解主要人物的背

景、性格、生活习惯？影片的拍摄是否会对主要人物的现实生活产生影响？

（6）是否有足够的视音频素材来支撑起这个片子？哪些是可以利用的现实素材？

（7）制作一份拍摄计划书和经费预算草案（见本节"策划文案写作"部分）。

（四）影响选题的因素

1. 创作者的知识结构和对题材的把握能力

每一个创作者的人生经历、性格习惯、知识结构等都是不同的，这就造成每个创作者看待选题的角度和深度都不同。并不是所有创作者都会对某一个题材产生兴趣，同样的题材在不同的创作者手中，会产生不同的纪录片样式和风格。不同的创作者对于题材的把握能力有深有浅，有的人对于某种题材具有很高的敏感性和创作激情，而面对另一种题材，就显得力不从心。

2. 观众的审美期待和欣赏趣味

在电视节目高度发达的今天，观众的口味是越来越难满足。鲜为人知的外部世界和大众关心的社会热点问题，满足了观众的好奇心和听故事的欲望。电视纪录片的作用之一是帮助人们认识世界。创作者在选题的时候，必须考虑这个问题，它直接影响电视纪录片的收视效果。

3. 题材的内在意义和价值

创作者在挑选题材的过程中，要考虑这个题材的意义和价值。社会价值是一部纪录片的意义所在，也是作品的影响力所在。纪录片的社会价值往往同选题有关，尤其是现实社会生活的选题，其主题思想愈深刻其社会价值就愈大。纪录片具有反映社会、引导生活的功能，特别是作为一种意识形态的载体，创作者应该以高度的责任感和历史使命感，站在时代前列，创作出更多具有影响力的作品。

4. 题材的可拍性

即使拥有了很好的选题和想法，创作者也一定要考虑这个题材的可拍性，也就是说拍摄地点、时间，以及人物和其他因素之间的关系。如果到达拍摄现场之后，发现现场的状况不允许拍摄，或者主要人物拒绝采访，之前再好的想法也会化为泡影。所以在挑选选题的时候，创作者要考虑选题所需的场景、光线、环境音等客观的因素，别让这些因素毁了整个拍摄计划。

二、组织创作团队

电视纪录片的创作是一个复杂的过程，涉及很多环节，这需要许多方面的创作人员通力合作，共同完成。在摄制组中，每个成员必须清楚自己的角色和责任，做到分工明确，人尽其职。没有明确的角色和责任，创作团队就无法有效地工作，尤其是当大家在第一次共事时，对于彼此的性格特点、艺术创作风格、兴趣品位都需要有一个了解的过程，人际的信任度也需要时间来增强，只有团队成员都能够明确自己的工作职责，各安己位，才能保证电视纪录片的最终品质。

（一）制片人的角色和职责

一般来说，制片人是剧组的责任人，如同企业的法人一般，是一个行政的管理者。制片人大多懂得电视艺术创作，了解观众心理和市场信息，善于筹集资金，熟悉经营管理。制片人的素质、心态直接影响一部电视纪录片的品格。

制片人的主要职责是决定电视纪录片生产的制片方案、主创人员组成及电视纪录片的销售方式，并监督电视纪录片全部制作过程，参与组织撰写剧本或文学版权的购买。同时，要筹集资金，决定资金的预算及最后的利润分配，同主创人员谈判并签订合同，批准制作开支，一直到纪录片完成销售。所以说，制片人是一部电视纪录片的决策者和管理者。

（二）导演的角色和职责

导演是电视纪录片创作的组织者和领导者，是把艺术构思搬上银幕的总负责人。作为电视纪录片创作中各种艺术元素的综合者，导演组织和团结摄制组内所有的创作人员和技术人员，发挥他们的才能，使摄制组人员的创造性劳动融为一体。导演的工作主要是运用蒙太奇思维进行艺术构思，编写分镜头剧本，包括对电视纪录片主题意念的把握、人物的描写、场面的调度以及时空结构、声画造型和艺术样式的确定等。然后物色和确定工作人员，并根据总体构思，组织主要创作人员研究有关资料，分析材料，集中和统一创作意图，确定影片总的创作计划。导演还要按照制片部门安排的摄制计划，领导现场拍摄和各项后期工作，直到纪录片全部摄制完成为止。一部电视纪录片的质量，在很大程度上取决于导演的素质和水平。

（三）摄像师的角色和职责

在一个小型的摄制组里面，摄像师是电视艺术的主要创作者之一，是摄制组主创人员之一。摄像师要负责调配和调试摄影设备与录音设备，应该十分精通各种电视设备。摄像师的任务是将分镜头剧本的内容用电视画面艺术地表达出来。他将美工、服装、化妆、灯光、演员等各创作部门的艺术成果，通过摄像专业的一切技术手段创作出更生动的电视图像。借助于电视图像的连续性向观众展示出全剧的整体面貌。摄像师的工作开始于摄制组成立后的剧本主题、风格样式及导演的总体构思，以确定自己在图像艺术创作方面的风格和基础。拍摄阶段是其实践自己艺术设想的过程。画面拍完即"停机"后，摄像师的工作便告结束。此外，摄像师还是摄像小组的负责人。他领导小组的灯光师、录音师、技术员等共同完成拍摄任务。

（四）录音师的角色和职责

电视纪录片如果所记录的画面没有现场的声音信息，音像本身将无法支撑叙事、还原现实情境，电视纪录片本身将失去真实的力量，所以声音的记录对于纪录片来讲是至关重要的。录音师承担着完整、清晰地记录现场声音的重要任务。录音师首先应该检查、调试录音设备，以保证话筒的拾音质量，还要在导演的调度下合理地安置话筒的位置和角度。另外，录音师不仅要录下声音，还要关心声音的品质。有的时候，在一些制作设备较为简便的摄制组中，录音师一职通常由摄像师来担任，但这样往往难以取得较好的声音效果。

（五）后期剪辑师的角色和职责

剪辑师也是摄制组的主要创作人员之一，负责选择、整理、剪裁全部分割拍摄的镜头素材（画面素材和声音素材），运用蒙太奇技巧进行编纂组接，使之成为一部完整的电视纪录片。剪辑师在深刻理解剧本和导演总体构思的基础上，以分镜头剧本为依据，通过对镜头（画面与声音）精细而恰到好处的剪接组合，使整部纪录片故事结构严谨，情节展开流畅，节奏变化自然，从而有助于突出人物、深化主题，提高电视纪录片的艺术感染力。作为导演的亲密合作者，剪辑师通过细致而繁复的再创作活动，对一部纪录片的成败得失，负有举足轻重的职责。剪辑师必须是导演创作意图和艺术构思的忠实体现者。但是，剪辑师也可以通过对镜头的剪辑弥补、丰富乃至纠正所摄镜头素材中的某些不足与缺陷，也可部分地调整电视纪录片原定结构，或局部地改变导演原有的构思，从而使影片更加完整。剪辑师的工作，包括艺术创作与技术操作，贯穿整个电视纪录片摄制过程中，须与其他工作人员通力合作。

三、策划文案写作

电视纪录片拍摄过程中，策划文案有着至关重要的作用。策划文案能够帮助摄制组的成员对一个选题进行有组织的系统性分析，形成比较清晰的拍摄思路。一份准备充分的策划文案，可以使工作事半功倍。电视纪录片拍摄策划文案主要包括拍摄计划书、拍摄大纲、拍摄进度表、设备清单、预算草案等。

（一）拍摄计划书

拍摄计划书是策划文案中起到总述作用的文本，最能够让人清晰地了解这部纪录片的主要内容。拍摄计划书一般包括选题来源，选题背景，主要人物，影片主题和社会意义，主创人员，题材基本定位等内容，其格式参见图5-3。

电视纪录片《××××》拍摄计划书

片　名		时　长		格　式	
导　演		开拍时间		预计完成时间	
资金预算		影片类型			

一、选题简介：（对于纪录片选题核心内容、选题目的做简要概述）

二、选题来源：（选题获得的途径，是来自于其他媒体、网络，还是来自个人感悟等）

三、选题背景：（交代选题发生的新闻、历史社会、人文等背景，引出选题的充分理由）

四、主要人物：（片中可能出现的主要人物和次要人物，以及相关背景介绍）

五、纪录片主题和社会意义：（简要介绍纪录片的主旨和导演想要通过该片表达的想法）

六、题材基本定位：（纪录片的类型和主要观众群体分析）

七、主创人员

制片人：

导演：

摄像：

录音：

灯光：

剪辑：

剧务：

兼职：

……

附1：拍摄大纲

附2：拍摄进度表

附3：设备清单

附4：预算草案

……

年　月　日

图5-3　拍摄计划书格式

（二）拍摄大纲

拍摄大纲也叫拍摄提纲，是为拍摄一部电视纪录片或某些场面而制定的拍摄要点。它不同于分镜头剧本的细致规定，只对拍摄内容起各种提示作用。电视纪录片摄制组在赴现场前，根据摄录事件的意义将预期拍摄的要点写成拍摄大纲；电视纪录片拍摄时，当某些场景难以预先分镜头时，导演与摄影师按照拍摄要点共同制定拍摄大纲，在拍摄现场做灵活处理。例如，八集电视纪录片《茶马古道》第二集"消逝的部落——马帮"拍摄大纲（部分）。

第二集 消逝的部落——马帮
拍摄的故事

赶马人——李能章：现在八十高龄的李能章是丽江束河镇的农民，年轻时是行走在滇藏茶马古道上的赶马人，曾经4次从丽江到过拉萨。目前在束河镇从事皮革加工，借以维持生活；束河镇曾经是丽江马帮的重要落脚地。

1. 茶马古道上的重镇——束河
2. 对李能章的访问
3. 亲历茶马古道的见证人宣绍武
4. 丽江茶马古道古迹的恢复倡导人周挺伟
5. 丽江古城

洛克的赶马人——平措：平措是泸沽湖畔的摩梭人，二十世纪二三十年代曾经是洛克的马队队长，几十年风里来雨里去闯荡茶马古道一辈子，平措的阿注（阿注，意为摩梭人走婚制中男女朋友的意思）又是一个活泼开朗的摩梭女人，能讲许多平措与洛克的故事。

1. 永宁——入川之道
2. 走出去的摩梭人平措
3. 洛克与平措的交往

古道侠女——阿十妹：阿十妹是大理州鹤庆县人，二十世纪三四十年代行走在茶马古道上，多次从普洱茶原产地思茅起程直到拉萨，总行程达到72万公里，她的传奇一生在民间广为流传，代表了赶马人的生活。

1. 再现阿十妹的赶马生活
2. 鹤庆养马场
3. 见证人：访问章天柱
4. 马店老板的后裔：访问王阿妹
5. 茶马驿站：松桂

"消失的部落——马帮"的拍摄大纲体现了电视纪录片拍摄大纲的基

本要求：

(1) 拍摄大纲是一个拍摄要点，没有分镜头剧本那样详细。

(2) 拍摄大纲在摄制组现场拍摄前，提供了一个预期拍摄的大概内容。

(3) 摄制组现场拍摄时，可以依据拍摄大纲制定详细的分镜头剧本。

所以，拍摄大纲是策划文案写作的重要内容。

（三）拍摄进度表

在电视纪录片拍摄之前，制定一份拍摄进度表对于拍摄工作的日程安排会起到十分重要的作用，它不但是工作的计划和安排，也是督促工作人员抓紧时间的一种有效手段。拍摄进度表的格式参见图5-4。

总 表

	开始时间	结束时间
前期准备阶段		
中期拍摄阶段		
后期制作阶段		

详 表

前期准备阶段	开始时间	结束时间	地点	工作任务	参加人员	备注
	月 日 时	月 日 时				
	……	……				
中期拍摄阶段	开始时间	结束时间	地点	工作任务	参加人员	备注
	月 日 时	月 日 时				
	……	……				
后期制作阶段	开始时间	结束时间	地点	工作任务	参加人员	备注
	月 日 时	月 日 时				
	……	……				

图5-4 电视纪录片拍摄进度表格式

（四）设备清单

在电视纪录片拍摄之前，应列出可能使用的设备清单，以便在正式拍摄之前将设备准备好，同时也方便考虑资金预算中设备的费用支出。一般来说，设备清单中包含视频部分、音频部分、灯光部分和后期制作部分（见表5-1）。

表 5-1　电视纪录片设备清单

序号	设备名称	数量	设备来源			单价（元）	费用合计（元）	备注
			自备	租借	购买			
1	松下 AJ D908MC 广播级摄像机	1	√				0	
2	DVCPRO 50 63 分钟磁带	5			√	150	750	
3	……							
4	……							
5								
6								
7								
8								
9								
10								
……								
合计								

（五）预算草案

资金资源的配置和管理是策划文案中不可缺少的一部分，它对于评估电视纪录片拍摄项目的可行性、计划投资规模、寻找资金来源有着重要的作用。预算草案主要包括以下几项。

1. 资金的基本来源及相应的回报

一般来说，电视纪录片的资金来源主要依靠机构自身的拨款，合作对象的资金投入，文化基金会和公益组织的拨款，个人投资的独立制片等。

2. 投资的数额和具体用途

拍摄电视纪录片的资金用途主要体现在：前期费用、中期费用、后期费用、劳务报酬等几个方面，相关表格参见图 5-5。

前期费用表

项 目	费 用
交通	
电话	
食物	
住宿	
影印	
资料	
前期费用小计	

中期费用表

项 目	费 用
制作设备	
运费	
场地费或其他费用	
食物	
住宿	
保险	
中期费用小计	

后期费用表

项 目	费 用
制作设备	
办公费用	
食物	
住宿	
保险	
后期费用小计	

劳务报酬表

工作者	费 用
导演	
摄像师	
灯光师	
音响师	
编辑师	
解说	
……	
劳务报酬小计	

图 5-5　各类资金用途表格式

预算摘要

工作阶段	费用
前期	
中期	
后期	
最后小计	
周转金（最后小计的10%～15%）	
后期费用小计	

图 5-5　各类资金用途表格式（续）

四、物质准备

物质保障是电视纪录片拍摄的必备条件，无论是摄影录音器材等设备，还是摄制组成员的必备生活用品、交通工具，都必须在正式拍摄之前进行细心而周到地考虑和准备。

（一）摄影录音器材的准备

1. 电视摄像机

电视纪录片拍摄使用的摄像机，需要根据拍摄要求和资金预算情况来准备。根据画面质量的优劣，摄像机可分为广播级、专业级和家用级（见图 5-6）3 种等级。

（a）松下AJ-HPX3100MC
高清摄像机（广播级）

（b）索尼PMW-EX280（专业级）

（c）索尼HDR-XR260E
高清摄像机（家用级）

图 5-6　3 种等级的摄像机

另外，随着单反相机技术的发展和普及，高清视频拍摄也成为主流单反照相机的必备功能。由于图像传感器 CCD（Charge-Coupled-Device）尺寸越来越大、单反相机镜头产品线的丰富以及画质色彩等优势，越来越多的纪录片爱好者选择使用单反相机进行纪录片创作（图 5-7 是佳能 EOS 5D Mark II 单反相机及其摄像组件）。

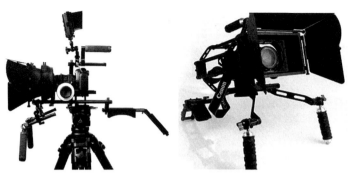

图 5-7　佳能 EOS 5D Mark II 单反相机及其摄像组件

2．三脚架

三脚架可以对摄像机起到良好的支撑作用，保证画面的稳定性，在拍摄一些固定画面的时候，三脚架是摄像师最好的帮手。

3．监视器

在拍摄电视纪录片的时候，监视器是不可缺少的设备，因为电视纪录片拍摄过程中很多的拍摄机会是非常难得的。使用监视器是在拍摄时唯一可检查光线、画面颜色以及构图的机会。

4．收音话筒

一般情况下，拍摄的时候应避免使用摄像机自带的话筒。这种话筒的指向性较差，在记录声音的同时，容易把周围的噪声也收录进去。所以，应该尽量准备独立的收音话筒（见图5-8）来进行声音的收录。同时，为了保证录音的效果，而又不使话筒出现在画面当中，话筒吊杆常常也是必要的。

图 5-8　收音话筒

（二）摄制组成员食宿和交通的安排

作为制片人和导演，应该根据摄制组的工作日程周全地安排摄制组成员的食宿和交通问题。在纪录片拍摄期间，导演应安排专人负责摄制组的后勤保障工作，处理好这些看似琐碎、无关紧要的问题，会使摄制组成员得到最好的工作和生活条件,保持最佳的工作状态,以保证纪录片拍摄工作的顺利完成。

 实训练习

(一)对一部电视纪录片的结构与风格进行分析

1. 要求

观看一部电视纪录片,分析该片的结构与影像风格。片中主题性的评论有哪些?结构与风格的选择对此有何贡献?

2. 实训内容

(1)选择观看一部主题对你有特别吸引力的电视纪录片,最好不超过30分钟。

(2)记录你观看的电视纪录片,在每一段落后停下来写出相关细节。确定每个段落的开始点与结束点,用分钟和秒的格式计算出每个段落的长度。

(3)对电视纪录片内容以及它处理了什么问题写一篇简单摘要。

(4)看这部电视纪录片的段落流程图,描述电视纪录片的结构,指出这种安排方式受哪些原则或因素影响,并展示出这部电视纪录片可以在什么地方划分不同段落,怎样去划分。按每一段所起的作用考虑它们的长度。

(5)讨论这部电视纪录片的风格,看它由哪些因素决定。

(6)讨论主题对这部纪录片的影响,指出是什么让你关心这部电视纪录片中的人物和他们的状况?你又从中感受到了什么?你从这部电视纪录片中了解了什么?其他人应该看这部电视纪录片吗?为什么?

(二)评价一名导演的主题视角

1. 要求

至少评价同一导演的两部纪录片,并把它们与导演的视角联系起来。

2. 实训内容

选择一位导演,要求了解他的电视纪录片或对他的声望有所耳闻,同时对他本人非常感兴趣。

(1)观看两部来自同一导演的电视纪录片。

(2)观看电视纪录片时,记下它给你带来的感受和想法。

(3)对这部电视纪录片的导演做一次自传式的研究,把与这部电视纪录片或导演相关的文章、评论收集起来。

(4)再次观看你选择的电视纪录片,给每一段落的内容做笔记。

（5）用下面的标准阐释这名导演的电视纪录片主题与视角之间的联系，并把选择的标准记录到你的评论文章中。

① 导演个人与职业方面的历史。

② 电视纪录片潜在的意图在多大程度上能够（或不能）改变观众在某一特定方向上的看法。

③ 电视纪录片的主题在多大程度上能够（或不能）揭示其所关注的内容。

④ 电视纪录片多大程度上可以正确或不正确地预料观众的反应，尤其是那些带有偏见的作品。

⑤ 电视纪录片中所使用的视觉、听觉或其他特别的影视形式因素中，有哪些是成功的，哪些是不成功的？

第二节　电视纪录片制作的中期拍摄阶段

一、画面拍摄

（一）拍摄方式

1. 利用三脚架拍摄

利用三脚架进行拍摄有很多优点。首先，架上摄影可以使画面保持稳定，运动平稳，可以比较轻松地取得构图考究的画面，比较适合营造一种凝重、大度的氛围，常用来表现一种从容不迫的叙事节奏，传递一些平和、冷静的观察结果。其次，可以用来拍摄一些场景相对固定的画面。在纪录片中经常出现的人物访谈，一般都是用这种方式拍摄的。在使用三脚架进行拍摄时，应注意摄像机机位的设置（见图5-9）。

图 5-9　利用三脚架拍摄

2. 手持拍摄

电视纪录片摄像师最青睐的拍摄方式就是手持拍摄，而手持拍摄最常用的做法就是肩扛拍摄（见图 5-10）。在现场情况复杂多变时，手持拍摄会发挥其灵活机动的特点，随心所欲地进行拍摄和场面调度，通过长镜头真实、完整地表现事件的过程。手持拍摄的时候，应注意以下问题。首先，为保持画面稳定，摄像师应尽量多使用广角镜头。其次，跟拍人物时，应尽量保持与被摄者之间的距离，并且尽量保持与被摄者步伐一致，以使摄像机镜头的运动振幅与被摄者保持一致，使画面稳、平、准、匀。再次，摄像师在移动时应尽量使用滑步，以减少身体的晃动。最后，在拍摄了一段现场纪实镜头后，摄像师应再补拍几个与现场内容相关的空镜头和特写镜头，以便于后期剪辑时使用。

图 5-10　手持拍摄

3. 斯坦尼康拍摄

斯坦尼康（Steadicam），即摄影机稳定器，一种轻便的摄影机机座，可以手提，自 20 世纪 70 年代开始逐渐为业内普遍使用。一般情况下，抖动的画面容易使观众产生烦躁、疲劳和反感；另外，画面的稳定性好有利于后期制作中加入多层特技。当前，纪录片拍摄开始越来越多地运用斯坦尼康来拍摄很多长镜头和运动镜头，以保证更好的视觉效果和叙事节奏。比如一些纪录片会用载人摇臂结合斯坦尼康共同完成一个长镜头的开篇，还有一些跟镜头场面以及越来越多的普通场景也会用斯坦尼康来拍摄（见图 5-11）。

图 5-11　斯坦尼康拍摄

（二）拍摄时机

1．必要的预测拍摄

电视纪录片的拍摄不可能像电影、电视剧那样事先写好分镜头稿本，做好周密的拍摄计划，因为电视纪录片在拍摄过程中，事态的进展是不可预知的。在拍摄电视纪录片之前，我们应该对有可能发生的场景做好准备，合理地预测拍摄情况，以便能做出最迅速的反应。电视纪录片的特点就是真实，所以有时创作者会为了等一个珍贵的真实镜头而花费大量时间。

2．即兴拍摄

在拍摄过程中，经常会遇到一些突发或偶发的事件，这个时候就需要即兴拍摄。在这种情况下所拍摄出来的镜头尽管在画面的稳定、构图上不很完美，但这些在转瞬即逝中拍摄到的珍贵的镜头，使电视纪录片的真实性、现场感大大增加。即兴拍摄需要拍摄者有强烈的敏感性，拥有在突发事件中寻找有价值镜头的能力。

（三）长镜头的运用

所谓"长镜头"，是指在一个镜头里不间断地表现一个事件，或者一个段落，它通过连续的时空运动把真实的现实自然地呈现在屏幕上，形成一种独特的纪实风格。长镜头一般划分为固定长镜头、变焦长镜头、景深长镜头、运动长镜头四种。其中运动长镜头包括摄影机的推、拉、摇、移、升、降等运动。由于长镜头能把镜头中的各种内部运动方式统一起来，因此显得自然流畅，又富有变化，为画面制造多种角度和景别，既能表现环境、突出人物，同时也能给演员的表演带来充分的自由，有助于人物情绪的连贯，使重要的戏剧动作能完整而富有层次地表现出来。长镜头的拍摄，由于不会破坏事件发生、发展中的空间与时间的连贯性，所以具有较强的时空真实感。

长镜头在我国电视纪录片中的运用，最初是在20世纪90年代初《望长城》《押运兵》等几部电视纪录片中出现的；后来又在《潜伏行动》《中华之门》《毛泽东》等纪实性电视纪录片中被成功采用，人们开始被其连续发生、真实记录、无法篡改的纪实美所吸引。所以，一个时期以来，长镜头的运用成为各类纪录片创作常用的手法。

二、声音录制

制作一部好的电视纪录片，精彩的现场声音录制是必不可少的。

（1）应根据拍摄需要和拍摄环境选择合适的收音设备。在需要收音范围比较大的情况下，使用万能指向话筒；需要去除回音和背景音的时候，应使用指向性话筒或超指向性话筒。

（2）熟练的录音操作和技巧是保证声音质量的前提条件。设备的调试和安装、收音位置的设计、拍摄时的监听等都是录音师需要考虑的问题。

好的声音的录制，能够使电视纪录片的真实性、艺术性充分体现出来。例如，大型电视纪录片《望长城》就实现了我国影视纪实艺术声音观念和实践的全面突破。

第一，10个小时的长片中，让人们看到了数以百计有声有色的普通人。正是这些充满喜怒哀乐的普通人构成了纪实艺术的血与肉。豁达乐观的李秀云，坚韧泼辣的张蜡梅，八旬老人张改花，长城上嬉闹的小男孩，为一个学生执教的女教师，诵经兼行医的喇嘛，司马迁的同乡，杨家将的后代……不同年龄不同身份的长城人直接开口，说长城、说人生，声情并茂，不是表演，胜似表演。这一成功充分说明，同期录音既是直接参与表现人物个性、传达各种信息、记录事态发展的元素，也是增强特定空间感、时代感，对环境和事件、情节起到渲染作用的艺术手段。

第二，在《望长城》里，有大量长镜头。这些包含了丰富内容和多种景别、角度、运动方式的长镜头，有的是移动拍摄跟踪特定"过程"，有的是完整记录特定访谈内容，都是坚持画面构图以声音的完美为依据；各种摄影造型手段为声音服务；以声音内容为主，画面充当载体，是对以画面为主摄影传统的有力挑战。

其中移动拍摄焦建成采访发现秦长城西端的教师孙益民文物收藏小屋的镜头是典型的长镜头。

（焦随孙进屋。中景，焦）哎呀，这么多啊！这些都是？各朝代的都有，是吧？

（孙）是。你看。

（焦）匕首？

（孙）这是秦剑。

（焦，接过孙递过来的秦剑，仔细端详）秦剑？

（推至特写，孙）兵器。秦代战斗的时候，把这个绑在三公尺长的杆子上，作为兵器。

……………

（孙拿过一本书，打开，里面有一幅石刻地图）

（焦）这是临洮，这是岷县，这是洮河，原先的地图上都是从岷县开始，这么过来。

（孙）由这里过来，有的提到由这里过来。你看这个，和咱们古代地图上基本上是相同的。

（镜头里看到，古地图的长城与孙所标出的长城比较，基本相符）这是一幅宋代地图。

（焦）宋代地图。

（孙）石刻的，它是1147年石刻的。你看这个，长城起于熙州。

（焦）熙州？

（孙）这正是熙州。

（焦）现在是临洮。

（孙）现在是临洮。你看，岷州它没有长城。所以这份古代地图基本上同我绘制的这个图相似。

这个镜头长达5分钟，随着人物的动作和声音不断变化构图景别和角度。经由两人之手，一件一件文物得以展现、介绍，人物动作、对话声音和丰富多彩的文物，紧紧地吸引了观众的视听，从而把一位当地学者的人品、性格、经历、爱好，以及他对长城的深入研究、考察，长城与文物的关系等，展现得清清楚楚（关于秦长城西端的论证，后面的镜头还有关键性内容）。视听和谐的魅力令人入迷，忘了时间，甚至有虽长犹短之感。

同期声的突破性效果固然与主持人的出色访谈有关。却不能说只有主持人出现才能发挥同期声的作用，更不能说同期声好坏只是录音师的事。《望长城》中许多精彩访谈片段，让我们看到摄像师声音意识的重要性。《望长城》的摄像师之一亓克君就是这样一位充满声音意识的摄像师。下面两处拍摄的例子是很好的说明。

（1）主持人不在拍摄现场，摄像师不应当感到束手无策。纪实风格的拍摄绝不是非有主持人不可……为了尽量使风格一致，我曾几次采用直接对话的方法（拍摄）……我看到两个在长城上嬉闹玩耍的孩子。天真可爱、无拘无束的孩子使古老的长城充满了活力。他们是不是当地人？是不是真的站在长城上？只有让孩子说话，才有说服力。我开着机器走过去，和他们聊了起来。

（2）在漠河的北极村，大年三十这天，那些祖籍关内的乡亲，来给当年闯关东最终留在这块土地上的前辈们上坟。摄像师亓克君正在拍着，忽然听到一个男孩撕心裂肺的哭声："爷爷，爷爷，你怎么走了呢！"亓克君没有关机，而是用镜头迅速找到这个孩子。这个镜头前半段有孩子的喊声，可拍的是别人。在这个镜头的后半段，才是这个男孩的画面。这时，因为那充满感情的、真实的声音是连贯的，一下子把上坟这段内容的情绪推向了高潮。

这是一种镜头内部声音蒙太奇效果，以声音引导画面构图，同样是摄像师声音意识的结晶。摄像师的主要任务固然是拍画面，但是，当今摄像机都是声音和画面同步记录。摄像师不仅要考虑画面景别和拍摄角度的选取，同时也不能忘记自然声的选取。因此，摄像师必须有明确的声音意识和后期编辑意识。眼观与耳听是摄像师任务的两个方面。不管录音师是否在场，都要确保把声音录好。摄像师在拍摄画面时，要与录音师默契配合，不仅要注意拍摄对象的变化，还要关注现场自然声音的变化。如果有条件，最好戴上监听耳机，以便随时根据声音变更拍摄景别和角度。

节目要创新，必须在声音上有突破，声音的创新是节目成功的基础。为此，在创作筹备之始，《望长城》摄制组就在总结以往经验的基础上明确提出，将全力抓好现场录音作为艺术突破和作品创新的主攻目标，并提出具体而严格的要求。

（1）所有的拍摄素材都必须带有同期声和现场效果声。拍摄意图、主题思想要尽可能地通过拍摄对象自己表达出来，不允许后期人为地再配声音。录音师一定要始终和摄像师同步，谁也不能离开谁。一切声音必须在现场完成，并达到播出要求，不准后期模拟。

（2）要重视记录过程。要记录过程就必须沉下去，浮在上面只能听到结果，发现不了也记录不下过程，只有生活才是创作的源泉……长城要拍，但更重要的是要拍长城两边的人。简而言之，借长城说人。

录音部门则提出，录音师要有群体意识，要积极参与节目创作，不能使自己作为一种机器出现。录音师有责任根据拍摄内容提出有关声音的整体构想，方案确定之后，要主动到现场，保证声音的"现在进行时"。在拍摄过程中，要求摄像师充分考虑录音师提出的想法和要求。

实践正是如此，很多精彩场景是以声音为主拍摄的。现场声对作品起了决定性作用。在10个小时的长片中，既没有充满主观感情的传统解说，也没有灌输式的说教，解说词被与画面一体的同期声所取代，充分凸显原声原形、视听并重的影视纪实艺术特性。

《望长城》不仅访谈同期声录音出色，大量同步录音的自然声也为作品增色。比如，风沙景象的风声。一般的风声似乎并不难录，也不难配。但《望长城》的录音师，却深入现场，立足大风中的沙漠腹地，不仅听到熟悉的风声，还听到了风吹沙流的沙沙声。于是，他把这种奇特的声音录进作品，并取得了宝贵经验。

那天早晨起来，天色昏暗。当地有经验的老人告诉我们要起大风。正巧我们要拍摄沙漠长城中风沙扑向长城的镜头。我们赶忙赶到腾格里沙漠长城。风越来越大，已达八级，人的眼睛被风沙吹得睁不开。当时，导演和摄像师都劝我不用去录音。但我这时觉得，如果把风吹沙时流动的声音录下来，就能体现风力之大、环境之恶劣，增加视觉的冲击力。这样，我在现场用身体挡住风，身穿皮夹克，将话筒放在夹克内，话筒指向地面。果然，我成功地录到了风吹沙流特有的沙沙声。后来，看录像时，有声和无声的画面感觉大不相同，有声的画面加强了视觉的冲击力、感染力。声音给画面以深度范围，以致观众看后情不自禁地发出"好大风"的感叹。

《望长城》就是这样实现了艺术突破——电视纪录片声音观念和实践的突破，成为我国影视纪实艺术发展的里程碑。

三、采访

采访分为先期采访和拍摄采访。

先期采访应该注意的问题如下：明确采访对象，制定采访提纲，向采访对象收集各种材料。先期采访的要求是全面、具体、深入、细致。

拍摄采访时，录音和画面的摄制是同时进行的，拍摄采访应注意以下问题：应让被采访者在面对摄像机和话筒的时候放松，配合采访；选择合适的采访环境；注意摄像机机位的设置。在采访结束后，应录取1分钟现场空音以弥补后期音轨的空白。

四、导演现场调度

导演作为摄制组的领导者，在拍摄阶段担负着现场调度、指挥、协调的重要作用。在拍摄过程中，导演的工作主要有以下几点。

1. 要协调好与被拍摄者的有关事宜

导演与被拍摄者之间良好的沟通，会使拍摄气氛变得很轻松，从而使镜头看起来自然，保证拍摄工作顺利完成。

2. 导演的艺术构思应该集中体现在拍摄阶段中

导演应该时刻记住电视纪录片的主题和结构，按照事先设计好的拍摄大纲，有条不紊地进行拍摄工作。在拍摄中，导演要始终把主题的创作理念传达给创作组成员以及被拍摄对象，使大家能在保证自己工作的前提下，最大限度地完成导演的艺术思想。导演在拍摄的同时应时刻监看摄像机拍到的画面，并对工作人员和被拍摄对象进行指导。

3. 导演在拍摄中应指挥工作人员同心协力地完成拍摄工作

导演的态度和专业素养会直接影响摄制组的其他成员的工作效率和工作效果。导演应在前一天将第二天的工作进度安排发给工作人员，好让工作人员有所准备。导演要时刻与所有成员保持沟通，了解大家的想法、创意，拍摄过程中的感受以及出现的一些问题。

4. 拍摄中，导演的权威地位是不容置疑的

处理好权威和合作之间的关系，也是每个导演应该做到的。导演应该保证工作人员在自己的统一指挥调度之下，完成每个人的工作任务，成员也应该保持专业精神，不做公然损及导演权威的评论及意见。

实训练习

（一）录音训练

1. 室内录制人声训练

把一个持续的声音源放在房间内，用指向或全指向性麦克风从不同角度、不同距离进行收音并录音，用耳机监听，感受其差别。

2. 户外录制人声练习

在一个相当开放的户外空间，使用指向麦克风、全指向性麦克风或领夹式麦克风，对着说话者收音并录音。感受环境噪声和主体声音的关系。

（二）摄像训练

1. 架上拍摄：采访人物

要求：画面流畅，保证声音品质，分别使用全景、中景和特写镜头拍摄，画面运动或重新构图时保持画面平稳顺畅。

2. 手持拍摄

（1）手持摄像机跟拍静物练习。

要求：手持摄像机前进、跟踪，拍摄时有一个平稳的开始和结尾，画面稳定，尽量减小振动和摇晃，注意地面变化。

（2）手持摄像机跟拍动态对象练习。

要求：在一个繁忙、不可预测的环境中跟踪拍摄主体；保证主体在画

框中保持稳定，合理构图；与主体保持一定距离；试用全景、中景和近景拍摄，并进行比较。

第三节　电视纪录片制作的后期加工阶段

电视纪录片素材拍摄完成之后，就将进入后期加工阶段。这个阶段需要完成的主要工作包括素材粗剪、电视纪录片精剪、解说词创作、配音、音乐编配、后期合成等。在后期加工阶段，剪辑师的作用开始变得越来越重要。

一、素材粗剪

在电视纪录片编辑之前，要对其进行粗剪。首先要看素材，根据拍摄大纲和拍摄过程中的场记、导演手记，将可能会用到的素材镜头挑选出来，并做记录。其次，进行纸上剪辑，搭建大结构，将纪录片的段落划分出来，理清故事结构和逻辑关系。再次，将有用的素材挑选出来，利用影视非线性编辑软件大致排好镜头顺序。在粗剪过程中，镜头都要预留一定的长度，以便于剪辑时使用。

粗剪过程中，应按照故事结构为片子划分出鲜明的段落，按照起因、发展、高潮、结局的发展过程清晰地表现出来。

二、电视纪录片精剪

（1）利用蒙太奇美学原理，对镜头进行组接，无论是叙事性的还是写意性的故事结构，都应考虑镜头之间的关系以及上下的承接。

（2）通过剪辑形成节奏，可利用现场音效或配乐找节奏点，也可调整画面的长度来形成特定的画面节奏。

（3）一般来说，电视纪录片中1秒钟画面配3个字的解说词比较适宜，同时还要考虑进行解说之前、结束之后各留出2秒左右的时间，保证纪录片节奏从容自然。同时，还可以考虑根据故事结构和情绪特征，适当剪辑一些不配解说词的段落，起到调节纪录片结构、抒发情绪的作用。

（4）段落之间的转场处，可以考虑设置悬念，以激起观众期待收看下一个段落的愿望。

（5）检查画面和声音是否存在小的技术上的瑕疵，要保证画面组接干净利落，不可拖泥带水。

三、解说词创作

电视纪录片解说词又叫旁白，它是影视纪实艺术的一部分，是交代故事背景、故事线索、情节发展的重要手段。解说词的形式多种多样，应根据电视纪录片的主题和画面内容来决定使用哪种形式。

（一）开头

（1）开门见山式。这种形式是指开篇就交代故事主要内容，直接把观众带进故事当中。

（2）悬念式。这种形式是指有的纪录片为了增强吸引力，调动观众兴趣，也经常以设置疑问的方式开头，制造悬念，然后再逐渐解开疑问和答案，展开故事情节。

（3）抒情式。这种形式往往用富有抒情意味的解说词营造情景交融的艺术意境，使观众产生美的感受。

（4）议论式。这种形式多见于政论片和历史文献片中，开篇就对某一事件或论题发表评论，表明创作者的论点。

（二）主体

1. 纪实类

纪实类作品是电视纪录片最常见的形式，在题材上多以事件、人物为表现对象，通过对整个事件的起因、发展、高潮和结局的叙述，达到提炼生活、升华主题的作用。这类作品的解说词应以画面为主要依据，按照事件发展的时间顺序和逻辑顺序，以简洁明了的语言文字交代故事情节。

2. 表现类

这类电视纪录片多以历史文化、风土人情、自然风光为表现对象，表达创作者的情感倾向或主观感受。这类作品由于缺乏贯穿始终的故事线索，因而解说词的作用十分重要，要通过解说词把各种零碎和看似不相干的事物串连成一个整体。

（三）结尾

（1）总结概括式。这是指结尾时对全片内容进行总结，点明主题。要求语言简练，流畅自然，客观冷静，实事求是。

（2）抒情式。这是在影片结尾抒发创作者的情感，使作品情绪在结尾处达到最高的一种表现形式。要求真情实感，反对虚情假意。

（3）寓意式。这是指在片尾使用象征、比喻、比兴等手法升华主题，传达某种寓意，引发观众的联想和思考。

例如，八集历史文化电视纪录片《晋商》第八集老字号的解说词，采用悬念式开头："……但要称得起老字号，禁得起百年风雨，让世人永远地记住它，它们需要做些什么呢？"增强了吸引力，调动了观众兴趣。主体部分属于纪实类,讲了常氏家族、日升昌票号和大德通票号在动荡时代的道德操守、义利思想和舍生取义精神。按照事件发展的时间顺序和逻辑顺序,以简洁明了的语言文字交代故事情节,挖掘了深邃的思想价值。真情实感的抒情式结尾,包含作者对"晋商"的无限感慨,引发观众的情感共鸣。

第八集 老字号

【解说】

我们今天看到的那些被人们熟悉了上百年的晋商老店、老宅,尽管它们的主人也许经营之道各有不同,它们所经历过的事情各有不同,这些都无关紧要,但要称得起老字号,禁得起百年风雨,让世人永远地记住它,它们需要做些什么呢?

(一)

20世纪80年代末,中苏两国结束了二十多年的相互敌视和武装对峙,民间商业往来成为双方交流的一项主要形式。第一批到达中国的苏联客商带来的采购清单中,有一样特殊的商品,川字牌砖茶。令他们失望的是,不但市场上找不到这种茶,甚至众多的中国企业、边贸商人也没有人知道这种商品产地在哪儿?是由谁生产的?

....

【解说】

常氏家族认为沽名钓誉是断然要不得的,他们把自己的善良举动,用修造戏台这样的借口掩盖起来。而掩盖乐善好施的真正目的,是要让那些得以救助的人能留有自尊地咽下通过辛苦劳动换来的一餐一饭。大灾持续了三年,常家的土木工程也持续了三年。当年被救助的穷苦人也好,今天为此感叹的人也好,有谁能说清常家这个本以经商获利为业的家族为此付出的代价呢?

《常氏家乘》是常家记载祖先事迹、家族历史的典籍。常氏后裔在记录祖先的经商历程时,谈得最多的不是挣了多少钱,开了多少商号,而是他们在商旅生涯中表现出的道德操守。

....

【解说】

....

在晋商前后四百年的历史过程中,曾经赫赫有名的老字号,几乎都随着晋商的衰亡而消失了。它们像舞台上已经谢幕的演员,静静地厕身历史的帷幕之后。它们在鼎盛之时就不会张扬,现在更是敞开襟怀,任后人在这些经历了百年风雨的砖瓦、廊柱之间,寻找它们充满传奇的历史。那幅由道光皇帝所赐的匾额,尽管恰如其分地为晋商的事业做出了最好的概括。但这幅匾额从来就没有被主人器重，日升昌把它悄悄地藏在最深的院落里。这一放就是160年。

四、配音

电视纪录片配音时，导演应该根据片子的选题和风格来选择配音员的声音，保证在情绪、语气、语调上与题材贴近，所以导演在素材粗剪完成之后，应对解说所需要追求的声音风格做到心中有数。配音员应在监看设备前，对比着精剪好的画面配音，保持正确的语速以配合画面。

五、音乐编配

电视纪录片的内容主要以纪实和叙述为主，音乐在电视纪录片中主要起抒发情感、渲染气氛、刻画形象、描绘景物和激发联想的作用。音画统一在视听艺术中是最具广泛意义的音画组合方式。通过听觉手段深化了视觉形象的情感内涵，加强画面的表现力，获得情景交融的艺术效果，使电视纪录片画面更丰满、更感人，从而深化作品的思想内容，使更多的电视观众得到感染。

音画统一的原则，就是从整部片子来看，音乐首先应该和作品内容的时代特征、民族特色、地方风格、人物个性、生活风貌，以及作品的艺术风格相统一；其次，局部或片段，则要求音乐和画面在情绪、气氛和内容上统一。例如，喜庆的画面内容配上欢快的音乐，痛苦悲伤的情景则要配上低沉哀怨的旋律等。

在具体的技术操作上需要注意的问题主要有以下几点。

（一）注意配乐中的风格把握

每部片子都有自己的风格，而音乐风格的差异会对节目风格的形成产生很大的影响。同样的画面如果使用不同风格的音乐，会产生不同的表达效果。因此，在为电视纪录片配乐时，应从以下两方面把握音乐对节目风格的影响。

1. 配乐旋律风格应统一

由于画面常常具有多义性，而音乐就其风格而言具有一定的确定性，对画面起到提示作用，所以在配乐时应注意音乐旋律风格的统一。不能只考虑音乐的情绪是否合适，因为即便音乐情绪完全对路，而音乐风格的混乱将必然导致整个作品风格的混乱。举一个极端的例子：如果把一个表现黄河流域风土民情的电视纪录片配上西南少数民族风格的音乐，其结果可想而知。

2. 应当注意乐队的选择及配器、调式风格等特征的大致统一

如果时而使用民乐，时而又使用管弦乐，时而用民族调式，时而又用西洋调式，那么即便旋律的风格是统一的，给观众的感觉仍然会是混乱的，其结果必然影响整个电视纪录片统一风格的形成。只有将统一的音乐风格贯彻始终，才能使音乐与片子的内容很好地融为一体，营造出恰如其分的情绪和意境，使音乐的作用得到充分的发挥。

（二）注意配乐中的音色把握

一般来说，电视纪录片配乐主要以器乐为主，声乐作品运用较少。配器的精炼、通俗、清淡是它的一般规律。这主要是由于在音乐与解说、音响交错或混合出现时，浓重的音乐常常会造成声音的相互干扰。所以，不管使用什么乐队，不管旋律是什么样的风格，都力求织体不要过密，声部不要太多，多用开放性和声，少用密集性和声，要考虑不断地有语言加入和有音响加入时不至于喧宾夺主；同时还要考虑片子的解说是男声还是女声，女声穿透力强、声调高，音乐的中低音声部可以略厚些，而男声声调低沉，音乐的使用就应当尽量避免中低音乐器，以免与人声在相同频率的声部进行而使得声音显得浑浊不清。但在重场戏、重点段落以及没有人物对话或解说词的位置，可以加入一些和声浓重的音乐，以突出音乐的表现力。

（三）注意音乐与其他音响的比例

在电视纪录片的最后合成阶段，要对所有的声音加以宏观和总体的调节和控制，不能像独立的音乐作品那样可以根据自己的需要自由地调节音量。在电视纪录片中，如果两种或两种以上声音同时出现，必以一种声音为主，一种声音为辅。当人物对话或采访、解说与音乐同时出现时，音乐必定以背景声出现，而当片子在渲染气氛、抒发情感、描绘景物时，则主要靠音乐来起作用，这时要把音乐推大，让它充分发挥作用。

（四）注意音乐与画面在结构上的协调

电视纪录片配乐是先有画面后有音乐，画面为主，音乐为辅，音乐是受画面制约、为画面服务的。电视纪录片的音乐通常都是以运用现成的音乐资料进行编配的方式作为主要的创作手段，就是从长期积累的音乐素材中选择、加工，通过巧妙截取各种素材，组合成一种新的旋律，新的表现手法。这是采用最多也最有效的一种形式，但这同时也要求音乐编辑和电视纪录片编导都要努力学习掌握更多的音乐理论知识，才能不断挖掘、不断创新，做出别具一格、耳目一新的节目来。

（五）注意音乐剪辑的节奏

电视纪录片音乐段落的过渡要自然，不要有明显的间断点，如需将两段音乐衔接，它们中间的接点一定要找准节奏，最好在一个完整的乐段或乐句结束的地方衔接，并且根据音乐节奏和旋律的走向将两段之间的关系调顺自然，不能随心所欲任意卡断。音乐的分段不同于画面，画面比较直观，是点状连续，有时一两幅画面就可以说明一个问题，而音乐由于受时间艺术的特性所规定是线状连续，通常一两个乐音根本表示不出什么，需要有一个相对较长的运动过程，最少也要两个或更多的乐句才能表达一个比较完整的情绪。有些编导要求音乐编辑根据画面频繁地转换音乐是不合理的，是违背音乐艺术基本规律的。

六、后期合成

后期合成是画面和各种声音、美工的综合合成，是作品最终完成的最后一步。它不仅是电视纪录片制作的一种技术手段，也是综合艺术的创作程序。后期合成的主要工作包括以下几点。

（1）最后检查画面和声音是否存在粗糙的剪辑痕迹。
（2）确保各种艺术手段协调统一地使用在电视纪录片中。
（3）从整体上调节各个部分声音的强弱变化，以确保画面和声音的完美结合。
（4）给电视纪录片配上唱词字幕和结尾字幕。
（5）根据需要生成电视纪录片，最终完成作品。

实训练习

（一）多机位，不同景别人物采访剪辑

目的：熟悉不同景别在片中的表现力，并培养对片子节奏控制的能力。

要求：挑选采访的素材镜头，压缩内容，将挑选出来的镜头时间码记在纸上；培养故事结构组织能力，安排各个部分内容的比重和整条线索；从不同机位剪辑出3种不同的景别；保持被采访者的声音自然流畅，节奏一致，注意处理剪辑点前后语调的差别；避免画面的跳切和动作的跳动，保证画面流畅；变换景别时，注意画面构图的协调。

（二）压缩素材的剪辑练习

目的：培养在大量的素材带中挑选出真正有用的镜头的能力。

要求：把一段完整的、现实时间较长的生活过程的镜头压缩成一段简短的屏幕时间的段落；在保证画面信息完整的前提下，最大限度压缩镜头长度；利用剪辑展现某个活动过程的高潮点；注意镜头转换时景别的衔接；注意剪辑点前后的声音是否协调；保证画面自然流畅。

第六章
电视专题片编辑

 本章导读

电视专题片是电视节目类型中重要的一部分。在创作过程中，创作团队应遵循思想性原则、现实性原则、真实性原则、价值性原则，准备策划文案，制订拍摄计划。在拍摄过程中应把握整体艺术性，利用好分镜头脚本，并在拍摄过程中做好场记。在后期剪辑中，应将导演的创作思想融会贯通到整个电视专题片中，体现创作者的艺术构思。

电视专题片创作流程如图6-1所示。

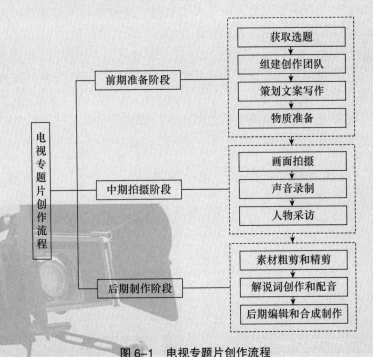

图6-1 电视专题片创作流程

第一节 电视专题片的定义和分类

一、电视专题片的定义

电视专题片这个叫法最早出现在1975年中央电视台的节目中,1976年在上海召开的全国电视工作会议上,此名称得到与会者的认同,正式确定下来。目前,电视专题片有着很多不同的称谓,如专题节目、电视专题、电视专题栏目、新闻专题片等。

那么,究竟什么是电视专题片?对于这个问题,不同的人有不同的理解,也有很多人对其下了定义。

比如在《电视纪实作品创作》一书中,专题片被定义为"是运用现在时或过去时的纪实,对社会生活的某一领域或某一方面,给予集中的、深入的报道,内容较为专一,形式多样,允许采用多种艺术手段表现社会生活,允许创作者直接阐明观点的纪实性影片,它是介乎新闻和电视艺术之间的一种电视文化形态,既要有新闻的真实性,又要具备艺术的审美性。"[1]

《广播电视简明辞典》对专题节目的解释是:"与综合节目相对应的,内容相对专一的广播电视节目。如……中央电视台的《祖国各地》,专门介绍我国的山川风光、名胜古迹、风土人情、建设新貌。专题节目能够对某一领域或某一方面的情况和问题做连续的、深入的反映。"[2]

《电视专题》一书中,这样定义电视专题节目:"电视专题节目是指主题相对统一,能对主题做全面、详尽、深入的反映,与综合节目相对应的一种电视节目。"[3]

对于电视专题片的概念,目前仍无统一规范的定义,这要从电视专题片和电视纪录片的关系说起。

二、电视专题片和电视纪录片的关系

长久以来对于电视专题片与电视纪录片的关系,争议颇多。电视专题片在中国是一个约定俗成的名称。在国外,没有电视专题片这一概念,而将这一节目类型统称为电视纪录片。目前在国内,电视纪录片和电视专题片二者之间的关系以等同说、从属说、独立说、"怪胎"说等说法为

---

[1] 高鑫. 电视纪实作品创作 [M]. 北京:学苑出版社,2002:16.
[2] 赵玉明. 广播电视简明辞典 [M]. 北京:中国广播电视出版社,1989:135.
[3] 高鑫,周文. 电视专题 [M]. 北京:中国广播电视出版社,1997:1.

代表。

（1）等同说。等同说认为电视专题片就是电视纪录片，二者没什么区别，只是同一种节目形态的两种不同称谓而已。

（2）从属说。从属说认为电视专题片和电视纪录片互为从属，尤其是电视纪录片，它是电视专题节目或电视专题栏目常用的形式。

（3）独立说。独立说认为电视专题片和电视纪录片各自成为独立的节目类型，真实性是它们的生命。电视专题片追求艺术加工，允许主观表现，抒发情感。电视纪录片则排斥主观、排斥造型、追求客观。

（4）"怪胎"说。"怪胎"说认为电视专题片是中国特定国情下产生的"怪胎"，认为我国电视专题片过于直露，主观介入太强，改变了外国电视纪录片客观记录的传统，是对电视纪录片的异化。

中国广播电视协会原副会长刘习良在其文章《电视纪录片辨析》中认为："以镜头为主、解说为辅，真实记录自然、社会和人类活动的电视节目形态宜统称为'电视纪录片'……'专题片'可舍弃不用，而保留'专题（性）节目'一词，……这样做的好处：首先，有利于纪录片的系统研究，彻底摆脱难以区分（或勉强区分）'纪录片'与'专题片'两个称谓的尴尬。其次，在纪录片创作中可以大胆使用各种不同的表现手段。最后，便于以共同语言与国外同类片种创作人员开展交流。"[①]

三、电视专题片的类型

电视专题片按照不同的标准，可以进行不同的划分。

（一）按电视专题片的题材内容来划分

按照题材内容划分，电视专题片可划分为人文类和自然类。具体表现为政论片、人物片、自然风情片、科教片、形象片等。在策划和创作过程中，应结合不同题材和内容对专题片的结构、样式和表现手段进行统一的设计和安排。

（二）按电视专题片的风格来划分

按照电视专题片的风格划分，电视专题片一般可分为再现和表现两大类，或者说是纪实类与写意类。中央电视台社教中心主任高峰将电视专题片分为纪实类、表现类和思辨类3种。

---

① 刘习良. 电视纪录片辨析 [J]. 中国广播电视学刊，2006，52（03），72.

(三)按电视专题片的结构来划分

按照电视专题片的结构划分,可将电视专题片划分为旁白加画面的主观式、由采访构成的采访式、既无旁白也无采访的纯观察式、由拍摄者与被拍摄者互动构成的反射式。

(四)按电视专题片的播出形式来划分

按照电视专题片的播出形式,可将电视专题片划分为报道类专题片、栏目类专题片、非栏目类专题片、其他类专题片。

四、电视专题片的美学特征

电视专题片具有纪实性、艺术性、思考性三大美学特征。

(一)纪实性

电视专题片的纪实美,主要体现为"以事信人"。为了更好地让事实本身说话,就应该真实地、具体地展现和揭示生活流程。例如,济南电视台拍摄的《少年启示录》,反映的是全国十佳少年边荣学自强坚毅,克服生活重负,求学上进的事迹。此片的主要艺术魅力,集中体现在对优秀少年家庭劳作情况的具体展现之中,同时把"环境造就人"这一深刻哲理蕴含其中。

长镜头是纪实性专题片增强生活真实感的重要美学手段。这时摄像机的镜头化作了观众的眼睛,带着观众目睹生活真实流程和具体情景,感受一种真实的纪实美。另外,在纪实性电视专题片的创作中,编导应该注重对同期声的运用,增加电视专题片的真实性。

(二)艺术性

电视专题片不仅是纪实的,它也是一个艺术作品。电视专题片应该运用艺术手段,包括通过对题材的把握和电视技术的运用,来表现美、表达创作者的意图和影片的主题。

(三)思考性

每一部电视专题片在客观记录的同时,都会蕴涵着一个主题。优秀的电视专题片要让观众在看完片子之后能够有所思考,能够给观众带来一些新的认知,而不只是局限于对观众的直接说教。

第二节 电视专题片创作流程

一、前期准备阶段

电视专题片的前期准备阶段主要包括获取选题、组建创作团队、策划文案写作、物质准备等工作。

（一）获取选题

电视专题片选题的获得有很多途径，在创作之前，应根据需要选择所要拍摄的题材类型、风格等。电视专题片选题范围广泛，涵盖社会、政治、经济、文化、历史、地理、军事、科技、自然环境、教育、人文等方方面面，所以在选题时，创作者应该遵循以下原则。

1. 思想性原则

电视作为一种意识形态的重要载体，影响一个国家的政治生活，维系着国家的安全和稳定。电视专题片在反映客观事件的同时，会直接或间接表达作者对事件的认识和看法，所以选题的思想性就决定了节目的品质和影响力，这也是电视专题片选题最基本、最重要的一个原则。

2. 现实性原则

电视专题片作为观众了解社会、审视社会的途径，在传播信息中起到了重要的作用。关注社会现实、关注民生、关注生活已成为电视专题片的重要选题之一，近些年，从现实出发、贴近生活、贴近群众的现实题材类选题尤其受到观众欢迎。现实题材主要归结为三大类：一是社会现实中重大新闻事件引发的一系列群众关注度比较高、影响比较大、时效性比较强的社会热点问题；二是社会现实中一段时期内群众关心、关注或者担忧的社会焦点问题，比如中央电视台做的一系列关于食品安全的专题节目；三是社会中感人的、具有人文思想、时代气息和现实意义的人或事。

3. 真实性原则

电视专题片最根本的要求就是真实，专题片是对生活的真实反映，不能有半点虚假和伪造。真实性原则体现在人物真实、事实真实和史料真实三个方面。这样电视专题片才会有生命力，才会体现自己的价值。

4. 价值性原则

在弘扬文化、传播知识、传承文明等方面，电视专题片的作用是不可忽视的。电视专题片的选题是否有价值，是创作者在选题时应考虑的问题。电视专题片的价值性包括：一是知识价值，如《话说长江》中介绍的地理知识就极为丰富；二是史料价值，如《邓小平》《共和国外交风云》《故宫》等；三是科学价值，如中央电视台科教频道的《发现之旅》《百科探秘》等栏目，都体现了电视专题片的科学价值。

（二）组建创作团队

电视专题片制作团队同电视纪录片一样包括制片人、导演、摄像师、录音师、剪辑师等工作人员。

制作团队的组建要由节目的性质来决定。如果节目是常规的日播或周末节目，则往往有着相对固定的制作团队，即栏目组；如果是大型电视专题片的拍摄，则要视节目的特点和性质，合理地组建创作团队。

（三）策划文案写作

电视专题片的前期准备中，策划文案有着至关重要的作用。在电视专题片有了明确的策划思想之后，策划文案能够帮助摄制组的成员对于一个选题进行有组织的系统性分析，形成比较清晰的拍摄思路。一份准备充分的策划文案，可以使工作事半功倍。每一个节目都有自己的生产周期，工作计划要现实详细、分工到位。电视专题片策划文案主要包括拍摄计划书、拍摄大纲、工作进度表、申请节目播出时间、设备清单、预算草案等。

拍摄计划书是策划文案中起到总述作用的文本，能够让主管部门、赞助商以及团队成员清晰地了解电视专题片的主要情况。拍摄计划书没有固定格式，一般包括电视专题片的基本信息、选题意义、资金预算、拍摄进度等。

（四）物质准备

物质准备是电视专题片拍摄的必备条件，无论是摄制组成员的必备生活用品、交通工具的选择，还是摄影、录音器材等设备，都必须在正式拍摄之前细心而周到地考虑和准备。

二、中期拍摄阶段

电视专题片经过前期的准备，也就有了总体设计，但还应该把脚本改写成分镜头脚本。所谓分镜头脚本，又称摄制工作台本，也是将文字转换成立体视听形象的中间媒介。其主要任务是根据解说词和电视文学脚本来设计相应画面、配置音乐、音响，把握片子的节奏和风格等。也就是说，它需要体现整个电视专题片分成多少个镜头，每个镜头对应表现哪段文字。

（一）画面拍摄

画面拍摄是非常讲究的，资深摄像师每到一地，不是马上拍摄而是踩出多个点，确定最佳机位。拍摄中要特别注重色彩的还原，调整好白平衡。在处理画面的色彩上，要根据片子的要求和人们的喜好确定色调。拍摄高水准的电视专题片，要求画面要稳定，避免晃来晃去，一般离不开三脚架。为了让观众看清画面的内容，画面必须有起幅落幅，也就是说让观众在看画面时，感到有开始、有过程、有结束。

电视画面要"动"是不可避免的，保持画面稳定并不排除镜头的移动变换，这里主要指镜头变换和画面显示时要确保画面稳定。如果摄像时不用三脚架，要保证画面稳定，摄像师必须做到以下几点。

（1）始终保持画面基本线条"横平竖直"，这一点非常重要，因为人们的习惯印象和固有的概念往往是他们判断的标准。只有这样，才是人们所谓的"稳"。

（2）当利用摇镜头摄像时，要尽量缓慢移动且要保持水平移动。如拍摄三峡坝区全貌，既可以居高正面俯摄，也可以侧面俯摄，但无论是"摇"还是"推拉"镜头，都要尽量缓慢移动以保证画面稳定，否则会出现跳跃式的突变，使观众产生厌烦感。

（3）要保持画面的稳定，摄像师还必须练习臂力，要能"托得住""托得稳"摄像机，其运动线应是水平弧线而不是水平的波浪线。肩扛摄像机运动拍摄时，两腿最好走直线、迈小步，腿弯曲，要尽量使摄像机与肩保持一定距离，双臂最好展开并离开左右胸。

在使用三脚架摄像时，为保证画面的稳定，必须选好中心机位并在试摄过程中调整机位和角度。否则，尽管利用三脚架固定摄像机摄像，也只能保证画面不晃动，而无法保证画面稳定。

当选择好机位和角度开始摄像时，在摇镜头过程中可能出现画面主体物倾斜而造成"画面不稳定"感。当采用三脚架固定机位而垂直摇镜头时，会产生物体前倾或后仰等"画面不稳定"感。当摄像过程中采用推、拉镜头技巧时，也会造成"画面跳跃"感。总之，使用三脚架进行拍摄，要想所摄画面稳定，摄像人员必须了解三脚架的性能和熟练掌握各部件的调整方法，同时还要有丰富的想象力，从而在灵活运用过程中保证画面的稳定性。除镜头运动求稳之外，另一个突出问题是画面的相对稳定。

任何镜头都要以稳定画面开始并在稳定画面中停机，这是从镜头组接和人们心理要求角度谈的。任何镜头（摇、推、拉等）都要有足够长的时间保证画面的相对静止，否则，组接后的画面将动来动去而使人眼花缭乱。同时，要根据解说词保证足够的画面稳定时间，影视作品的特点主要是以视听效果来增强作品的感染力，所以两者必须有机地结合，只有这样，才能达到其艺术效果。

电视专题片成功与否和摄像人员的丰富想象力、画面的稳定性紧密相关。丰富的想象力、画面的稳定性主要来自摄像人员的日常观察、理论学习以及身体素质的训练。

不管是拍人物还是拍风景，要特别注意画面的构图，要按黄金分割法构图，景别的处理也要得当，前期的拍摄要为后期编辑打下基础。拍摄时要考虑拍摄对象、现场环境是否具有可视性。人们对外部世界的感受80%以上来自视觉。作为视听艺术的电视专题片首先应考虑视觉效果，采用独特的拍摄手法发挥电视画面优势，把画面语言作为电视专题片的本体。

（二）声音录制

声音对于影视作品来说极其重要。在电视专题片创作中，合理运用录音设备完成同期声录制，是保证作品真实性的重要手段之一。为保证录音效果，同期声录音应根据拍摄需要选择合适的收音与录音设备，并辅以适当的配件来完成声音的录制。

（三）人物采访

人物专题片要想打动人，关键在于要赋予人物思想和感情。而这就要求记者深入采访对象的内心世界，用心去感受采访对象，并与采访对象产生心与心的交流，才能使采访对象吐露心声、流露真情，才能使刻画出来的人物血肉丰满、真实感人。

制作高质量的专题片，需要找到与采访目的有直接关系的当事人：事件的参与者与目击者，以及其他最了解事件情况的人。只有他们才能反映详细、生动、科学的事实材料，只有他们说话才有权威，这种权威包括法律权威、行政权威与理论学术权威。另外，除了真正的受益（害）者说话有权威，某些有特殊形象者说的话也有"权威性"，要找这种生动的形象来打动人，影响周围的人。

所选被访者的外在形象、相貌、所处的环境气氛都要典型。如选择的商场经理就应该有商场经理特有的形象，采访的营业员不能是满脸胡子、不修边幅、不讲卫生者。如果是重点人物，则应重点引导，把他身上发生的事都用某种提示性提问反映到画面上来。

选择容易与采访者配合、口音清晰、表达较自如的访问对象，性格急躁、情绪易冲动、多言快语者更受欢迎。

另外,在被访者面前不要显得傲慢或粗鲁,应直截了当地提问,不拐弯抹角。提问时要有礼貌、有自信、使旁观者感到提问者是内行,所提的问题有水准。采访提问应当开门见山、言简意赅,多用肯定语气,而少用否定语气。不要用生僻词提问,以免引起被访者的反问。

提问应注意引导,多加提示,使想要采访的答案由被访者回答。不能让被访者陷入紧张、为难的心理状态,以免产生对采访不利的影响。采访提问时,应尽可能按事先同对方商定的顺序进行,不要搞临时性的、突然的袭击,免得对方不知所措、口不择言,影响采访效果。

另外,提问谈话要考虑对方的身份,提问要因人而异,不可千篇一律,提出的问题要尽可能适应电视谈话的环境与气氛。

三、后期制作阶段

(一)素材的粗剪与精剪

进入后期剪辑阶段,首先应进行素材粗剪。粗剪的主要目的在于搭建整个电视专题片的结构,不必进行诸如音乐、节奏、剪辑点等非常细致的调整,主要关注电视专题片的逻辑及前后场的连接。粗剪是电视专题片的原始版本,是进行精剪的基础和前提。粗剪的工作主要是按照段落和场景整理素材。在进行拍摄的时候,由于受人物、地点、环境等多方面的影响,往往不是按照预想顺序来完成拍摄,在进行粗剪的时候,就需要对照记录拍摄信息的场记表对素材进行熟悉和整理,然后以一个段落或一个场景为单位进行素材的组接。

在完成素材粗剪之后,就可以开始进行精剪了。如果说粗剪是解决电视专题片整体的框架结构,那么精剪则是通过反复修缮、形成电视专题片风格的过程。精剪是对电视专题片的细节进行把控,工作内容主要包括镜头的增删、剪辑点的调整、声音的修缮、节奏的把控等。精剪受电视专题片选题、时长、风格以及导演工作习惯的诸多方面影响,所以,精剪的过程可长可短。

(二)解说词创作和配音

1. 解说词创作

解说词是"口头文学",依靠文字对事物、事件或人物进行描述、叙说,通过词语的渲染来感染受众。解说词使人们在对其所表述的内容有所认识和了解的同时,起到加深认知和感受的作用。电视专题片的解说词是对电视画面内容的文字解释和说明,它虽然与电视画面中的任何一个人物或事物都产生不了交流关系,但它却又与电视画面有着千丝万缕的联系。

电视画面与解说词是一对孪生兄弟，它们之间是互为作用、相互补充和印证的。在解说词中讲到乌云突变、大风骤起时，电视画面就不可能出现晴空万里、风和日丽的场景。画面中是人潮涌动的火车站春运的场面，可解说词却用上了欢欢喜喜过大年的词句，这就使人很费解。虽然观众在看电视节目的时候，注意的是画面，但解说词的作用仍不可忽略。在某些情况下，解说词还是占有很重要的地位。

优秀的电视专题片即使没有多少解说词，也不影响观众对节目内容主题的理解，那是因为仅有的一点儿解说词起到了画龙点睛的作用，产生的是指点迷津的效果，而再多用些解说词倒显得画蛇添足了。

如果把电视画面比作红花，那么解说词就是绿叶。好的画面就如同漂亮的花一样，没有绿叶的陪衬也会失色不少。电视专题片解说词的作用更是如此。怎样才能把解说词写好，使其真正担当起"绿叶"的作用呢？创作者应从以下三方面入手。

（1）对采访对象的翔实了解、深入体验是写好解说词的前提。"巧妇难为无米之炊"，电视记者没有充足的第一手材料是不可能写出好的解说词的。前期的深入采访对后期解说词的写作非常重要，没有这个过程，没有切身的体验和感受，就不可能写出让观众信服、感人的解说词。

（2）融入真挚情感、表达真诚的内心世界是写好解说词的关键。有了深入细致的第一线采访，就为写好解说词奠定了基础。而在真正动笔写解说词之前，要充分思考，围绕电视专题片的主题进行构思，然后一气呵成。在写作过程中，一定要把在采访中和采访后的感受、观点表达出来。必须把自己的感情融入其中，将内心的情感用文字淋漓尽致地写出来。在这种境况下写出来的解说词也定会打动观众的心。

（3）扎实的文字功底和文学艺术修养是写好解说词的根本。要写好一篇解说词，必须有一定的文学功底，善于用文字语言表述、描绘所解说的事物和画面。

一篇优秀的电视专题片解说词不一定是运用了多少排比句、多少古文诗句、多少成语典故，更不是华丽辞藻的堆砌，但它应当是读起来朗朗上口，品起来很有味道，集语言的新鲜性、评说的深刻性和文字的可读性于一体。通篇文章的语言美感与画面镜头的艺术美感结合得完美和谐。

一部优秀的电视专题片，它应该是解说词与电视画面完美结合的统一体。而解说词有时甚至是整部电视专题片的灵魂，即使不观看片子，它也应是一篇绝妙的文章，细读起来让人振奋、引发思考、唤起遐想、回味无穷。

深入采访、融入真情、深厚的文字功夫是写好电视专题片解说词的重要三步。对电视专题片的创作者而言，不能只注重图像、画面，而忽略了在文字上的要求，写好解说词不仅是应当的，而且也是必需的。优秀的选题、高质量的画面加之优美的解说词，这样的电视专题片才会受到观众的喜爱。

2. 解说词配音

不同内容、类型、风格的电视专题片的解说词的配音，在韵味、情调、吐字用声、表达方法上都存在着差异。每部片子的解说词都要求配音员在解说配音时既要遵从一般创作规律又不能拘泥于一般理论，要表现出极大的灵活性和创作个性。

（1）政论片

政论片往往就政治、经济、军事、文化等领域中的某一现象、某一观点、某一热点作为探讨的内容，其中不少属于重大题材，所记录的往往是重要事件、重要人物或重大节日。政论片有明确的观点与见解，这些观点与见解集中体现在解说词中，画面多为解说词内容的形象展示。在政论片中，解说词的作用重于画面语言，解说是主导，主要是议论语言，形成"议论型"的配音。

解说词要求庄严、厚重、有内在力度，政论与纪实结合，哲理与激情交融。观众在观看这类节目时，对语言的注意大于对图像的注意。离开解说词，画面就显得杂乱无章。在对这类节目配音时，不应压制声音和感情，不要怕喧宾夺主。有的政论性专题片因为特殊的风格又需要相对平实、舒缓、客观的解说，这种情况需要在具体实践中灵活把握。

（2）人物片

人物片往往将各行各业有代表性或有特点的人物作为反映的对象，以表现一个主题，一种立意。在人物片中，解说与画面多呈互补状态，解说词表现人物的内心活动或人物的经历、背景、事件过程等，画面则对人物形象、人物活动、工作环境以及人际关系给予形象化、直观性的展示。人物片的配音一般是叙述型，表达自然、流畅，语言亲切、平缓。

人物片的表现形式灵活多样。人物有以第一人称出现的；也有以第一、第三人称交替出现的，时而是叙述者，时而是人物自己的对话；也有的是对话形式；还有男女对播的。

解说者既是叙述者，又是节目中人物的代言人，因此解说者一方面要把握好自己解说的角度，进入人物的视野来说话；另一方面解说者还要将叙述者的内心，化为主人公的心态，以主人公的口吻述说，表现主人公的内心感情，使人听起来亲切、自然。

(3) 风情片

风情片的解说词往往把某一地域的风土人情、名胜古迹或风光美景等给予展示，以满足人们猎奇、欣赏与开阔视野的需求，兼有欣赏型和知识性。

风情片以展现景物的画面语言为主，解说词大多处于辅助地位。有人称风情片的配音为"抒描型"，即很多时候以抒发情感、描绘事件为主。风情片的语言亲切、甜美、柔和、真挚、有趣味，咬字柔长，节奏轻快、舒缓。解说词配音应有兴致、有情趣，要切合画面和音乐细致地描绘，真挚地抒情，体现出对美好自然、万物生灵由衷的关爱与珍惜，形成浑然一体的意境美和整体和谐的诗意美。

(4) 科教片

科教片包括科技、卫生、文体、生活等各个领域的知识与教育。

科教专题片将各种需要讲解、表现的事物和需要阐明的道理清楚地展现出来，画面与解说也是互补性的。

科教片解说词以讲解、说明为主，因而它的配音为"讲解型"。

(三) 后期编辑和合成制作

在所有的素材都准备好之后，电视专题片的制作进入后期编辑和合成制作。

在素材输入之前，编辑人员要从编导的角度出发，熟悉脚本，力求把握编导的创作意图和风格，极力体现电视专题片的主题思想，编辑人员应考虑随着情节的进展，通过哪些素材去营造气氛；在叙述事件过程中，又用哪些素材来突出和表现主题，等等。按照编导的设想和要求，编辑人员应根据片子的内容采集相关素材，即将录像机上的磁带内容转成计算机上的文件，这个过程也就是素材的上载过程，使磁带内容变成一个个素材文件。

文件输入之后，编辑人员要根据脚本的要求把画面素材、解说词、同期声等素材从文件夹中取出，并拖到时间线编辑窗口中进行编辑，时间线编辑是非线性编辑系统的核心，所有创意均能在这里得以实现。在编辑过程中，要合理运用蒙太奇手法。特技的运用既要考虑表达内容的需要，又要考虑画面之间的相互关系，并注意转换方向和特技时间，防止无目的的滥用。例如，淡出、淡入通常用来表示一个比较大的、完整的段落的结束和另一大段落的开始；叠化通常用来表示时间的流逝，连接回忆、想象等回叙段落；划像通常用来表示地点、场合的变化，表示相同时间，不同空间平行进展的事件。运用特技，人为的痕迹比较重，过多的运用会影响电视专题片的真实自然。

电视专题片的编辑要注意以下几点。

（1）选择合适的编辑点。画面与画面之间的衔接要得体，才能使故事的情节和画面的动作直接连贯，从内容和形式上保持连续性，把主题思想运用在构思和视角上。编辑能否成功，关键要看每一个画面的转换是否正好落在编辑点上，该停的不停就显得拖沓，不该停的反而停就有跳跃感。电视专题片大多数按照人物的情绪变化来确定编辑点，遇到叙述性的画面则要依靠逻辑规律和画面长度来确定编辑点，只有恰到好处，才能使画面连贯稳定，流畅自然。

（2）妥善处理同期声。同期声是指拍摄图像的同时记录的现场声音，包括现场音响和人物的访谈。它是重要的表现手段，起到烘托、渲染主题的作用，能产生强烈的现场感与参与感。非线性编辑制作时，同期声与解说词放在不同的音轨上，其大小是通过预演审听、调整音量标识加以调整。在编辑过程中，要根据主题的需要，把画面和同期声进行优化组合和艺术处理，做到和谐统一，力求完善和升华主题思想，丰富画面的信息，扩展思维的空间，增强表现力和感染力。

（3）保持片子色调一致。由于素材来源广泛，拍摄的时间、场合以及拍摄设备不同，可能存在色彩基调差异，可通过非线性编辑系统来调整各项参数，进行色彩校正。

（4）特技转换时间不宜过短。非线性编辑系统可以做到以帧为单位来进行特技处理，因此编辑的画面长度和运用特技的转换时间不宜太短，否则画面就会产生跳跃的感觉。

> **示例6-1 政论类题材电视专题片解说词欣赏**
>
> （一）节目介绍
>
> 《将改革进行到底》是中共中央宣传部、中央全面深化改革领导小组办公室组织指导，中央电视台承担制作的十集政论专题片，于2017年7月17日起在中央电视台综合频道播出。
>
> （二）第一集《时代之问》解说词（部分）
>
> 中国，五千年灿烂文明孕育、滋养的国度。
>
> 翻读她厚重的历史，似乎每一页，都在求索与抗争、奋斗与崛起的交织辉映中坚韧前行，磅礴不息。
>
> 有人曾盛赞：凝视中国，如同欣赏一幅精心创作的画卷，无论局部还是整体，总有着升腾不屈的气势。

30多年来，改革开放，使中国迅速成长跃升为世界第二大经济体，综合国力显著提高，人民生活极大改善，中国特色社会主义充满生机与活力。

　　然而，粗放的发展方式，也伴生着巨大的风险与挑战，积累了一系列深层次的问题和矛盾：经济结构不合理，区域、城乡发展失衡；7000万人口渴望脱贫，老龄化社会已经到来；部分行业产能过剩，资源环境的承载已近极限。

　　新的历史时期，中国，不仅要破解当下难题，更要着眼长远，不断促进社会公平正义、增进人民福祉，不断推动中国特色社会主义制度的完善和发展，努力实现一个现代化国家的长治久安。

　　放眼世界，国际金融危机影响仍未消散，经济增长持续乏力，全球治理困局凸显。地区冲突、恐怖主义、极端主义甚嚣尘上……

　　世界，面临百年不遇的大变局。

　　中国，该如何走向未来？中国，怎么办？

　　这，是历史之问，是人民之问，也是——时代之问！

　　…………

示例6-2　自然环境类题材电视专题片解说词欣赏

（一）节目介绍

　　电视专题片《当彗星撞击木星的时候》荣获1994年英国拉夫伯勒国际科学与传媒大会优秀科普片奖；获1995—1996年度全国海外电视节目译制节目一等奖；获1995年度中国电视奖一等奖及全国优秀科技声像作品科蕾奖特等奖。

　　片中以宏大的宇宙视角展现了天文学家如何发现休梅克-列维9号彗星，并准确预测其撞击木星的时间、位置的过程及背后故事，在承担着向观众进行科学知识普及责任的同时，关注点也由彗星撞击木星转向外来天体对地球的威胁，引发我们对地球命运的严肃思考。

（二）节目解说词（部分）

　　在宇宙诞生的180亿年里，在太阳系诞生的50亿年里，究竟发生过多少惊心动魄的大事，作为只有5000年文明史的人类，我们知道的实在太少了。然而，站在地球这颗蔚蓝色的行星上，我们已经把望远镜伸向了100亿光年的太空深处；我们正把自己的飞行器送到太系的边缘；我们已经能研究遥远天体的演化和变迁。这不能不说是自然的奇迹和人类的骄傲。

　　的确，近代天文学打从诞生之日，便一直是个成果丰硕、捷报频传的领域。而当1993年美国天文学家发现了一颗奇特的彗星并计算出它将于1994年7月和木星相撞时，天文学又创造了新纪录——人类对7.7亿千米外即将发生的遥远天象第一次做出了准确预报。

　　这颗彗星是以发现者休梅克夫妇和列维的名字命名的。1993年3月24日，他们从帕洛玛天文台施密特望远镜拍下的一组照片中，发现了一颗"好像是被压碎了"的彗星。亚利桑那大学的同行司各蒂闻讯后立即用基特山天文台空间监视望远镜进行观察，确认这是个像大雁般排成一字的彗星队列。报告送到国际彗星、小行星中心主任马斯顿手中。更多的天文学家投入了紧张的跟踪追迹。休梅克-列维9号彗星的面目很快便大白于天下。

第七章
电视综艺娱乐节目创作

 本章导读

　　本章主要从电视综艺晚会和电视综艺娱乐栏目两种综艺娱乐节目形态出发，系统地介绍了电视综艺娱乐节目的创作流程。

　　不论是综艺晚会还是综艺娱乐栏目，都需要严密的前期策划，其中最为关键的是选题的确立、文案的创作以及灯光舞美方案的创作。可以说，一个好的策划方案和与整个节目相匹配的灯光舞美方案的出台，就为一档（台）综艺娱乐节目的成功奠定了基础。与此同时，演播厅导演对于摄像机、灯光以及演员的现场调度，也是节目成功的保障，因此电视综艺娱乐节目的创作重点和难点都集中在前期策划和节目的录制编辑上。其中，在以直播形态呈现的电视综艺娱乐节目中，导播起着现场切换和把握全局的关键作用。

电视综艺晚会创作流程如图7-1所示。

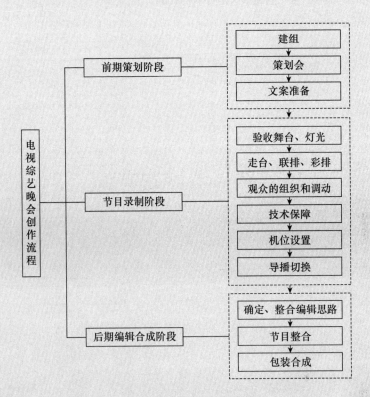

图7-1 电视综艺晚会创作流程

电视综艺娱乐栏目创作流程如图7-2所示。

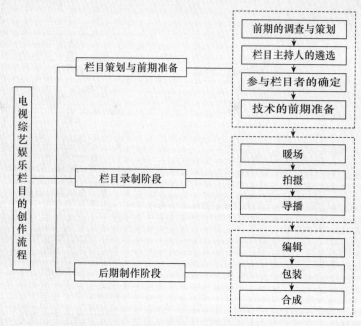

图7-2　电视综艺娱乐栏目创作流程

第一节 电视综艺娱乐节目的界定与分类

一、电视综艺娱乐节目的界定

为观众提供资讯与娱乐,是电视节目的两大核心功能。在电视的初始发展阶段,各电视台也都是以电视资讯(新闻)与电视文艺作为两大节目源。经过数十年的发展,电视文艺节目的娱乐性被发挥到极致,便出现了以营造欢快的氛围与达到欢笑为主要目的,以娱乐为主要基调的电视综艺娱乐节目。这一类型的电视节目与电视文艺节目有着密切的联系,又有着自己独特的个性,电视综艺娱乐节目的出现,改变了我国电视节目的生存状态。

电视综艺娱乐节目在我国的出现与发展也不过将近40年的时间,观众与学者对它的认知也随着这一节目类型的发展不断改变,这是一种具有动态变化性质的认知。本章选取国内部分著作对电视综艺娱乐节目的界定,以期对这一形态的节目特质有一个完整的认识。《广播电视辞典》对电视综艺娱乐节目的界定:"集音乐、歌舞、小品、戏曲、杂技等多种文艺形式于一体,在一定的时间长度内按照特定的主题或线索,采用主持人现场串联、字幕串联、现场采访等方式,运用视听语言,将现场演出用电视化手段与传播的时效性、新闻的纪实性、文学艺术的表现性融为一体,具有娱乐、趣味、知识、宣传、审美相结合的特点。"[①]《电视艺术学》对电视综艺娱乐节目的界定:"充分调动电子的技术手段,对各种文艺样式进行二度创作,既保留原有的文艺形态的艺术价值,又充分发挥电子创作的特殊艺术功能,给观众提供文艺娱乐和审美享受的电视节目形态。"[②]

根据以上观点,结合我国电视综艺娱乐节目的现状,我们将电视综艺娱乐节目的界定总结如下:电视综艺娱乐节目是以娱乐大众为目的,运用各种电视化手段,对各种文艺样式进行二度加工与创作,并加入相关可营造欢快氛围的娱乐元素,最终以晚会、栏目或活动的方式予以表现的节目形态。

二、电视综艺娱乐节目的分类

(一)按播出样式划分

1. 电视综艺晚会

电视综艺晚会是电视综艺娱乐节目的主要播出样式。最具代表性的电

---

① 赵工明,王福顺. 广播电视辞典 [M]. 北京:北京广播学院出版社,1999:133.
② 高鑫. 电视艺术学 [M]. 北京:北京师范大学出版社,1998:252.

视综艺晚会是中央广播电视总台自1983年起每年一度的电视春节联欢晚会（简称"春晚"），还有五一、十一、中秋等节庆晚会，以及各种各样的主题晚会。从播出方式上看，电视综艺晚会可以分为录播和直播两种。从播出的内容来看，电视综艺晚会可以分为节庆晚会、主题晚会和行业晚会。"节庆晚会"是为节日或重大活动庆典以及重要纪念日而准备的晚会，如"春节晚会""中秋晚会""庆祝抗战胜利晚会"等。"主题晚会"是专题性综艺晚会，主题单一鲜明，晚会目的明确，节目形式、内容依照晚会主题相对集中，如"抗震救灾晚会""纪念某革命家诞辰晚会"等。"行业晚会"是专为某一行业设置的行业宣传晚会。

2．电视综艺娱乐栏目

栏目是电视综艺娱乐节目存在的另一种主要播出样式。《快乐大本营》《歌手》《声临其境》等众多栏目便是电视综艺娱乐栏目的代表。栏目有着固定的名称、播出时间、固定的时段、固定的时长以及相对固定的主持人、节目模式、节目流程等。也正因为这些相对固定性，可以造成观众的收视期待，著名的栏目也都吸引了一批固定的收视群体。在这些基础上，电视综艺娱乐栏目在做好"常规动作"（即常态的周播或日播节目）的同时，每逢节假日还会推出"特别节目"与"系列节目"。

"特别节目"指的是电视综艺娱乐栏目为特定的节日、假日和主题专门制作并在特定时间播出的节目。例如，海南卫视公共频道《女神的假期》于2019年推出的国庆特别节目《幸福的生活》，中央广播电视总台推出的《"中国梦·劳动美"——2019五一"心连心"特别节目》等。

"系列节目"指的是电视综艺娱乐栏目围绕同一主题或者同一节目模式制作并在特定时间连续播出的节目。例如，中央广播电视总台《中华情》栏目每年中秋节推出的《××月中华情》、河南广播电视台《梨园春》栏目每年春节主打的《新年戏曲晚会》等。

3．电视活动

举行大型活动，电视转播必不可少，其中很多转播活动是由电视综艺娱乐栏目发起的，如中央广播电视总台2019主持人大赛、《感动中国》年度人物评选、"文明之光志愿中国"——2019学雷锋志愿服务主题宣传特别节目等。

在活动频次上，电视活动有的是以赛季为一个周期，有的是跨年度举办，有的是一次性的，各种各样；在活动规模上，一次大型电视活动往往会调动不止一个栏目组的力量，有时甚至倾全台之力打造一个电视活动，其节目规模往往要远大于一般性的电视综艺娱乐栏目；在活动形式上，有集体竞赛、大型歌会、明星选秀等多种表现形式。

（二）按节目内容划分

1. 娱乐资讯类

（1）节目内容：以报道近期或当日发生在明星演艺圈、大众娱乐圈的新闻资讯为主。一般情况下，使用一个或多个主持人完成串场，以外景主持和外拍画面作为节目的主要内容。

（2）呈现方式：以演播室的主持人播报加现场报道的方式播出。

（3）节目特点：这类节目具有新闻节目的性质，同时在播报方式、节目风格上具有轻松、活泼的特点，观众在获得资讯的同时也获得了休闲与娱乐。

（4）代表节目：《每日文娱播报》《娱乐大爆炸》《芒果捞星闻》《娱乐星天地》《新娱乐在线》等。

2. 娱乐谈话类

（1）节目内容：一般有一个或两个固定的主持人，每期邀请一位或多位明星嘉宾进行演播室访谈，或者邀请一般的普通观众参与节目，谈话内容涉及人生、情感、婚恋、友情、感受、体会等。

（2）呈现方式：娱乐谈话类节目往往会选择在电视演播室展开访谈的呈现方式。但是随着娱乐谈话类节目的增多，呈现方式同质化现象日益严重，所以近几年，在呈现方式上有向户外转移的倾向，以此打破传统访谈的空间限制，如老牌娱乐访谈栏目《鲁豫有约》，就尝试着打破空间限制，节目名称也改为《鲁豫有约一日行》。

（3）节目特点：谈话人、谈话主题、谈话方式是娱乐类谈话节目的三大元素。相对其他的谈话类节目，电视综艺娱乐类谈话节目往往以营造欢快的氛围和达到欢笑的结果为目的，因此它尤其强调节目的喜剧色彩和那些能使人快乐发笑的内容和手段。幽默、风趣，成为谈话的基调。

（4）代表节目：《鲁豫有约一日行》《非常静距离》《花花万物》《十三邀》。

3. 综艺表演类

（1）节目内容：各种文艺样式的汇演与综合，即综合文艺，"综艺"一词也由此而得。

（2）呈现方式：传统的综艺表演类节目是以歌会的表演方式呈现出来的，其观赏性是节目的核心竞争力。随着节目的发展，表演与选秀竞赛相结合成为综艺表演类节目新的呈现方式。

（3）节目特点：综艺表演类节目具有非常显著的表演特征，主要的表演艺术类型是歌唱、舞蹈、戏剧小品、魔术、杂技等，以专业演员进行表演时所产生的观赏性为主要卖点，随着节目类型的逐渐多元化，竞技性也逐渐被强化。

（4）代表节目：《演员请就位》《声临其境》《经典咏流传》等。

4. 娱乐游戏类

（1）节目内容：由一位或者多位主持人串场并介绍游戏规则，演艺明星作为节目主体参与设定好的游戏，并在游戏过程中穿插歌舞等形式的节目。

（2）呈现方式：此类节目不受场地的限制，既可以在演播室内进行，也可以在户外开展，由主持人控制游戏节奏，演艺明星在游戏过程中展示自己的个性特征和演艺才能。

（3）节目特点：此类节目具有一定生活化特征，使观众得以看到明星生活化的一面，同时还具有一定的竞技性，体现了演艺明星为达成游戏目标而竭尽全力的团队竞技精神。

（4）代表节目：《快乐大本营》《奔跑吧兄弟》等。

5. 益智类

（1）节目内容：益智博彩类节目以益智问答为主要内容，一般以智力竞技为主要看点，观众在观看的同时，也可以丰富自身知识，寓教于乐。

（2）呈现方式：以知识竞赛的方式突出节目的知识性，以有奖竞答的方式突出节目的竞争性与刺激性。在题目的选择上更加突出娱乐与生活，有别于纯"知识竞赛"；在奖项上突出奖励内容与奖励方式多样性，有别于单一的金钱奖励；在基本模式上又融入了游戏、真人秀和谈话等节目元素，使节目在益智的基础上增添了更多的色彩。

（3）节目特点：因其具有博彩性质，特点是具有竞争性、刺激性、真实性。

（4）代表节目：《一站到底》《最强大脑》《中华诗词大会》等。

6. "真人秀"类

（1）节目内容：由普通人或者特定嘉宾在规定的情景中，按照预定的游戏规则，为了一个明确的目的，做出自己的行动，同时被记录下来而做成电视节目。

（2）呈现方式：在一个特定空间中，以全方位、真实的近距离拍摄和以人物为核心的戏剧化的后期剪辑而制作成的节目。

（3）节目特点：纪实性、冲突性、游戏性。

（4）代表节目：《向往的生活》《女儿们的恋爱》《中餐厅》《荒野求生》等。

7. 泛娱乐类节目

（1）节目内容：泛娱乐类节目往往由两种以上娱乐节目类型共同构

成，如真人秀、益智、竞技，因其类型不单一，故以"泛娱乐类节目"命名。

（2）呈现方式：泛娱乐类节目往往会选择一种娱乐类节目的呈现方式为主要呈现方式，比如竞演类真人秀，真人秀为其主要节目形式，主要内容则是参演演员之间业务上的比拼。

（3）节目特点：各种娱乐节目形式融合、碰撞之后，产生一种具有多元化特征的节目形式。

（4）代表节目：《十二道锋味》《国风美少年》《小小智慧树》等。

综上，电视综艺娱乐节目不但节目播出样式多种多样，而且节目内容的构成要素丰富多彩，由此形成了复杂多元的电视综艺娱乐节目格局。这一格局虽然为此类节目的理论总结增添了难度，但也为相关的策划实践提供了丰富的手段与元素。

第二节 电视综艺晚会的创作流程

制作一台电视综艺晚会（本节简称"晚会"），大致可分为前期策划阶段、节目录制阶段和后期编辑合成阶段。如果是现场直播的晚会，则没有后期编辑合成阶段，而是在节目录制的同时完成编辑、包装、合成，直接播出信号。

一、前期策划阶段

前期策划是一台电视综艺晚会运筹帷幄的总前提，前期策划分为建组、策划会、文案准备三部分。

第一步，建组。确定人员、确定岗位。根据晚会规模的大小来确定晚会工作人员的数量和来源。如今很多晚会都是以某一栏目组为主要班底构成的，但如果是春节联欢晚会这类大型晚会，则需要调动全台的力量。

第二步，策划会。组建策划班底，领导布置任务要求，围绕晚会既有主题查找背景资料。在策划会上根据晚会的性质和主题确定以下几个方面的问题。

（1）确定主题与立意。

（2）确定节目的整体基调和风格。

（3）确定结构方式、节目节奏。

（4）确定节目的大致内容与方向及其挑选原则。

（5）依照主题开始舞美设计、灯光设计、音乐设计和群舞设计以及造型、道具、服装设计。

第三步，文案准备。在策划会结束后，各部门各司其职，开始工作。

晚会创作环节中首先需要完成的一个环节便是各种文案的撰写与准备，主要包括以下几种文案。

（1）策划案，指的是根据策划会的决议和精神，撰写整台晚会的策划案。

（2）文学台本，即晚会的文学脚本、串联词，主要供主持人和晚会导演使用。

（3）宣传通稿，即晚会对外宣传与推广的文字材料。

（4）制作计划与流程，即晚会制作的具体时间表。

（一）建组

晚会节目组的编制人数因晚会的规模大小而异，但岗位设置大同小异。晚会的总指挥是总导演，整个晚会节目组的运作在总导演的组织领导下进行，因此要求总导演具有极强的组织能力。以总导演为核心，下设两大部分，即导演组和制片组。

1. 导演组

导演组人数不限，由以下岗位组成。

（1）撰稿：负责撰写晚会的台本，与编导沟通，从总体构思、节目串联、节目编排等方面撰写晚会的策划案、文学台本、宣传通稿等。

（2）现场导演：对舞台上的演出负责，录制现场并负责现场观众情绪的调动（即"暖场"，有的剧组专设"暖场导演"一职）以及舞台上的演出效果。

（3）导演助理：协助导演完成各项工作，选定及联系演员、查找资料等。规模较大的晚会节目组还会根据节目类型和各个导演的特长进行更加细致的划分，让某位导演具体负责某一类节目，如中央广播电视总台春节联欢晚会导演组就设有语言类节目导演、歌舞类节目导演等。

（4）导播：在录制现场通过对摄像、灯光、音响等各个部门的调度，借助切换台在现场实现镜头的选择、编辑。大型晚会一般配有多个导播，即主切、副切，共同协作完成导播工作。

（5）编辑：编辑的职责前后期有所不同，前期负责晚会大屏幕播放资料的编辑，后期负责节目的编辑合成。现场直播的晚会还需在前期将节目与演员资料信息准备好，以便在直播时适时通过字幕展现。

（6）外联：负责联系演员，确定演员的排练及正式演出的日程安排。

2. 制片组

制片组负责后勤工作，吃、住、行全管，由制片主任、制片、剧务等组成。

（1）制片主任：负责联络晚会节目组拍摄所在地的吃、住、行等各方面,负责财务管理。

(2) 制片:负责日常事务管理,具体执行晚会节目组的日常事务,负责安排晚会节目组每天的吃、住、行具体事宜。

(3) 剧务:负责具体事务的实施,承担各种杂务工作。

此外,还有一些岗位虽不具体负责导演和制片,但属于晚会的领导岗位,起到决策和把关的作用。

(1) 制片人:一般负责晚会制片生产。全权负责前期准备、组建摄制组(包括演职人员以及摄制器材的合同签订)、摄制资金成本核算、财务审核;执行拍摄生产、后期制作;协助投资方进行宣传发行和国内、外审核评奖等工作。

(2) 监制:一般由晚会所在创作部门的上一级管理部门的领导担任。

(二) 策划会

完成了晚会节目组的组建,就要着手组建一个强大的策划班底,围绕晚会的主题查找背景资料,召集相关策划人员召开策划会,讨论晚会的方案。策划会主要完成以下任务。

1. 确定主题与立意

主题是一台晚会的灵魂,立意则是指晚会要达到什么样的目的,晚会的思想性体现在哪里。例如,中央广播电视总台的春节联欢晚会的立意是昭示中国人喜迎新春的欢乐祥和与对新的一年的希望;而中央广播电视总台中秋晚会的立意旨在唤起亲人的思乡情怀、团圆愿望,彰显中华民族大家庭的凝聚力。

2. 确定节目的整体基调和风格

基调,原指音乐作品中主要之调、基本之音,现引申为作品主要的精神或基本观点。当晚会主题确定之后,必须根据晚会特有的文化属性和观众特定情景的观赏心态来确定基调。

整体基调确定后便需要考虑整台晚会的节目风格。如中央广播电视总台春节联欢晚会的风格是大气、喜庆、祥和、团圆;而中央广播电视总台中秋晚会的风格则是深情、思念、团圆。

3. 确定结构方式、节目节奏

晚会的结构一般有线性结构、板块结构、篇章结构等。现在的大型综合晚会多为多种结构杂糅的复合式结构。

节目的节奏是由晚会的整体基调决定的,如晚会以突出青春、时尚为主要基调,则节目节奏会相对较快;而抗战纪念或赈灾晚会的基调则相对凝重,节目节奏也应做到张弛有度。

4. 确定节目的大致内容与方向及其挑选原则

一般节目的来源有两个：已有节目和晚会原创节目。

已有节目一般通过两种渠道挑选：演员、演出团体自荐或推荐，晚会导演去各地挖掘。初步挑选出的已有节目仍需按照整台晚会的风格要求进行二度创作。

原创节目是一台晚会是否成功的重要考量因素之一，策划会上就应确定原创节目的种类与数量，及早开始"命题创作"。

5. 依照主题开始舞美设计、灯光设计、音乐设计和群舞设计及造型、道具、服装设计

（1）舞美设计：舞美是晚会基调和风格的主要表现渠道，导演应将自己对晚会的理解与晚会舞美设计师进行沟通，使得舞美风格与导演风格一致。

（2）灯光设计：在策划阶段要将灯光设计和舞美设计综合进行统筹考虑。尤其是气柱、彩色火、冷焰火、焰火等手段需和舞美设计密切结合，还有雪花机、气泡机等多种特效手段，可以用于烘托不同的演出气氛。

（3）音乐设计：音乐的统一设计首先体现在晚会歌曲的创作上，就是为一台晚会专门创作歌曲，尤其是晚会的主题歌，也包括其他独唱、合唱歌曲。

（4）群舞设计：群舞即伴舞，是舞台上流动的舞美符号。伴舞根据不同节目的需要，可以有不同的表现方式，可以生活化、可以情节化，参与到演出中来，传达歌曲内容。

（5）造型、道具、服装设计：造型、道具、服装等细节的设计也会直接体现晚会风格。应根据节目和演员的具体情况设计造型与服装，做好几套方案供导演和演员选择。

（三）文案准备

策划会开完后，应立即动手撰写策划文案，把策划会上讨论的内容进行条理化整理。策划文案应包括以下几个方面。

1. 主题和宗旨

主题和宗旨是阐述一台晚会的目的，以及晚会播出时所追求的艺术效果和宣传效果。在文案中，这是给一台晚会定位的部分，是制作一台晚会的思想出发点。

2. 导演阐述

这是从导演的角度说明一台晚会的整体构想，从几个大的方面叙述作为导演对于这台晚会的想法，比如为什么要做这样一台晚会，这台晚会的

创新点在何处，对晚会的主题是如何理解的，以及打算用何种方式阐释这一主题等。

3. 实现方式

此部分重点阐述如何将这台晚会呈现出来，在会场设置、景观设置以及技术传送上的实现方式是怎样的。

4. 晚会结构

此部分写明晚会的结构是如何安排的，各部分之间有何联系，节目与主持人如何对结构进行连接。

5. 节目内容

此部分写明节目的具体名称、内容及演职人员，并对节目的时长及节目在整台晚会中所起的作用和预期效果做较为详细的阐述。

6. 晚会包装

此部分说明晚会的宣传片、晚会片头、片中片花的制作方式和风格，对晚会的广告方案做阐述，对植入性广告进行方案阐述。

7. 文学台本

文学台本是供主持人主持晚会用的文本，其核心部分是主持人的串场词和主持词。文学台本要求撰稿人把握编导的意图和观众的收视心理，将自己的艺术积累和国家社会的发展、晚会的节目有机融合在一起，巧妙地进行节目的串联，帮助完成晚会的高潮、层次、节奏。台本语言应力求亲切自然，符合晚会的语境。

8. 宣传通稿

大型晚会的制作周期一般要一个月或更长时间，中央广播电视总台电视春节联欢晚会的制作周期更是长达半年之久，在制作过程中会得到很多媒体和全社会的关注。因此，晚会的宣传与推介也成为晚会制作必不可少的一个环节。注重晚会的宣传工作，既有利于全社会更加关注本台晚会，制造一种收视期待的心理，也有利于晚会广告招商的开展。

宣传通稿是提供给各家媒体的统一稿件，一般由晚会节目组负责宣传的工作人员撰写，主要内容包括晚会的定位、晚会的看点和晚会的播出时间等。

9. 制作计划

制作计划由导演组和制片组制定的一系列表格组成，由导演组制定的有日程表、工作台本、机位图、节目单，由制片组制定的有接待计划表等。这些表格制作起来非常烦琐，在制作过程中要格外细致。在制作一台晚会的过程中，这些表格是保证整台晚会有条不紊地运转的基础。

二、节目录制阶段

晚会正式录制或直播阶段直接关系到整台晚会最后的呈现样态。这一阶段的主要任务如下。

（一）验收舞台、灯光

现场拍摄首先要验收舞台、灯光。这部分工作主要是验收搭建好的舞台是否和舞台设计图纸上的设计相符合，各个机关能否安全地使用；关灯时是否能根据演出区布光、调光。

（二）走台、联排、彩排

（1）走台：在正式演出前，舞台交付使用后，要进行走台。走台的主要内容是伴舞和主要演员合练，并调试音响设备。

（2）联排：联排时演员不化妆、不穿演出服装，除音响以外，各工种暂不用全程配合。

（3）彩排：彩排中各个节目按照顺序进行，各工种按照节目流程单进行配合，模拟正式演出。其主要任务是解决节目之间衔接的问题。

（三）观众的组织和调动

一台晚会的观众分为现场观众和电视机前的观众两类。在晚会现场的观众需要提前组织，多以从企事业单位、公司、学校集体组织观众为主。在节目录制前，现场导演进行暖场，让观众的情绪高涨起来，保证现场观众在镜头中的表现力和兴奋度，从而影响电视机前观众的收视心理。

（四）技术保障

对晚会所运用的技术手段和能达到的艺术效果在彩排时进行检查和调整，确认卫星、微波传送的畅通，做好开播前的一切技术准备和保障。

（五）机位设置

摄像机的机位设置就是依照机位图，把各个机位设置好，使得现场机位可以多角度全方位表现整个现场。晚会的现场播出就是一个将机位图付诸实践的过程。这一环节需要导演、导播和摄像共同讨论完成。

（六）导播切换

高水平的导播通过镜头的调度和切换，不仅可以表现节目的节奏变化，营造节目的情绪意境，还会兼顾观众的收视心理，初步完成晚会录制时的镜头取舍和编辑。导播的素质和功力决定着整台晚会镜头语言的风格。导播台本的制作是导播正式工作前所必须进行的工作。导播台本设置得越细致,效果会越好。

三、后期编辑合成阶段

后期编辑合成是整台晚会的完善阶段,通过这个阶段对录制好的晚会进行后期包装、编辑,通过各种特技手法强化晚会的符号、特征,弥补现场录制过程中的一些缺憾,力求画面更加唯美,使最终呈现到电视荧屏上的节目能够令受众满意,实现编导的初衷。

在后期整合实践中,应该注意以下几点。

(一)确定、整合编辑思路

确定整合编辑思路主要包括整体结构的实现,如各个节目的比重、包装、片头设计、片花隔断等。通过后期节目整合,重新建立晚会的节奏,从整体上完善晚会的结构。

(二)节目整合

节目整合是指对已经录制好的节目进行编辑、完善和包装。

(1)上字幕。不仅让字幕成为传达晚会与节目信息的另一个重要渠道,也让字幕起到装饰效果。

(2)调动各种编辑手段对每个节目进行精雕细刻,增加其艺术性。由于前期拍摄条件所限制,一些节目本身不尽如人意的地方可以通过后期的修补替换使之令人满意。

(三)包装合成

晚会包装的形式要素包括声音(语言、音响、音乐、音效),图像(色调、固定画面、活动画面、动画、字幕)等诸多要素,从而对晚会的色调、LOGO 等进行整体把握,并对声音进行合成,通过先进的数字电视技术与艺术包装手段,通过多种形式创新,充分挖掘主题内涵和文化魅力,最终完成整台综艺晚会的创作。

> **示例 7-1 大型电视综艺晚会策划方案欣赏**
>
> "辉煌盛典 共赢未来"大型电视综艺晚会策划方案
>
> 策划单位:厦门一唐文化传播有限公司
>
> 一、主题与宗旨
>
> 1. 主题:辉煌盛典、共赢未来

2. 宗旨：为隆重庆祝陕西曙光进出口贸易有限公司进出口额达9 000万，艺术地回顾企业发展，展示企业文化与魅力，凝聚企业员工的共同情感，披荆斩棘，再创辉煌。

二、晚会风格

晚会在总体风格上坚持把企业文化完美地融合在节目中，把握民族化、国际化、大型化、时尚化的风格，突出企业的宣传目的，营造热烈浓重、欢乐自然、和谐美好的氛围。

三、艺术追求

由于晚会是广场式的庆典演出，因此晚会在整体艺术追求上力求节奏明快、通俗自然、雅俗共赏。

四、感情基调

晚会的感情基调为欢乐的、感动的、激情的、祝福的。

五、演出时长与形式

1. 演出总时长不超过150分钟。
2. 演出形式为广场式综合文艺晚会，非演唱会形式。

六、节目主体内容设计及实现（具体节目安排见《节目单》）

开场：喜事多

第一篇章：在灿烂阳光下

第二篇章：为曙光喝彩

第三篇章：我们去远航

第四篇章：今宵共举杯

第三节 电视综艺娱乐栏目的创作流程

中国电视综艺娱乐栏目从单一的晚会走向多元并存的格局只用了不到15年的时间，而游戏、益智、真人秀等名词从诞生到世人皆知，至今也超不过八九年的时间。

目前，电视综艺娱乐栏目从理念到实践都处在不断翻新更迭之中。而这种翻新更迭与国际电视娱乐新潮流紧紧联系在一起。

策划与制作电视综艺娱乐栏目，既要有宽广的国际化视野，即接轨世界电视娱乐的前沿潮流，又要有切实可行的本土化视角，即根据中国国情，把国外电视娱乐理念与国内观众可以接受的栏目样式进行本土化的"嫁接"，打造出既引领潮流，又受观众喜爱的新栏目，或者用新理念、新模式改造原有栏目，在改版中实现栏目品质的提升。

一档电视综艺娱乐栏目的制作过程大致分为栏目策划与前期准备、栏目录制阶段和后期制作阶段三个阶段。

一、栏目策划与前期准备

栏目策划是一档电视综艺娱乐栏目成功与否的最关键阶段。因为相对于大型电视综艺晚会,电视综艺娱乐栏目的拍摄与制作要相对简单,理念与想法是电视综艺娱乐栏目竞争力的核心,栏目环节的设置、游戏的设计都直接决定着该栏目是否能够吸引观众,进而获得较高的收视份额。

(一) 前期的调查与策划

在市场条件下的一档电视综艺娱乐栏目,必须充分考虑市场的因素。在栏目策划时,应做足栏目的市场调查,调查应考虑以下几方面因素。

(1) 栏目播出的平台,即栏目是在哪种频道、哪个时段播出的一档栏目,该频道这一播出时段的主要受众群体是谁,他们的喜好方向是什么。在必要时,可以发放受众问卷调查和进行观众座谈,将策划组成员的初步想法与观众进行交流,进行针对性极强的个性化调查和专题研究,及时获得反馈进行修改。

(2) 要考察本时段其他电视台正在播出的电视综艺娱乐栏目的现状。就我国而言,中央广播电视总台与地方卫视主打的电视综艺娱乐栏目的播出时间往往都放在每周末晚上的黄金时间,因此在这一时段内栏目类型与栏目内容的同质现象非常普遍。面对具有相似理念的其他电视台的电视综艺娱乐栏目,目前国内有两种对应方式:一是尽量避免与极其强势的现有栏目发生碰撞,或者在栏目内容上有所区别,或者在栏目时间上稍做调整,避免与其正面竞争;另一种方式则是立即跟上,因为强势的电视综艺娱乐栏目已经造成了市场的收视期待,复制与模仿总是相对简单。例如,湖南卫视的《快乐大本营》与《中国好声音》的播出都在全国范围内引起了一阵竞相模仿的风潮,也的确给模仿者创造了一定的收视率与市场效应。但如果一味模仿,栏目无疑是没有生命力的,在选择与强势栏目竞争之时,就应该确立自己栏目的特色所在,争取形成自己栏目的品牌效应,而不是一味跟风。

(3) 应该自己研究电视综艺娱乐栏目的发展规律,使栏目的制作有一定的预见性。如今电视综艺娱乐栏目的生存周期越来越短,要使自己的栏目尽可能长期地生存下去,应该根据当前市场的情况,对流行的栏目形态和将来的发展趋势,以及观众的口味变化规律有一个明确的认知,设计出相对新颖的栏目。

(4) 在以上基础上,召开策划会。目前,大多数栏目都采取邀请专家开会讨论的方式来为一个节目出谋划策,可在策划会上针对设计方案的初稿进行专家评估，也可将目标受众邀请来一同评估。根据评估结果对设计方案进行进一步修改，交由撰稿形成较为完整的初步策划案。

（二）栏目主持人的遴选

如今在电视综艺娱乐栏目可复制的环境下，电视综艺娱乐栏目呈现模式化、类型化的现状，主持人的个性化尤为重要。从某种意义上说，电视综艺娱乐栏目就是主持人的栏目。一个优秀的电视综艺娱乐栏目主持人，是栏目形式的直接体现者，也是栏目高潮引领者。因此，对栏目主持人的遴选与确定，成为一档电视综艺娱乐栏目需要提早考虑的问题。

目前电视综艺娱乐栏目主持人的选择与确定，基本遵循以下两种模式。

1. "按图索骥"式

在完成综艺娱乐栏目的宗旨定位、内容定位、观众定位、栏目样式定位等基本前期策划之后，按照栏目的这些定位与需求寻找与选择主持人。这个主持人应该是最能体现栏目特征的人，力求使该主持人的现场主持能够与栏目策划的预期目标达成最大限度地匹配。这种选拔方式需要在主持人形象上加以设计与调试，有时需要通过多人的轮番主持实践，经过专家的论证、策划组成员的审议以及观众的反馈，最终由编导人员定夺。

目前国内电视综艺娱乐栏目主持人的选择途径有以下几种。

（1）从高校毕业生中选拔。从播音主持专业毕业或有播音主持特长的高校毕业生中选拔主持人是目前各电视台选择主持人的重要方式之一。但因为刚由学校毕业，缺乏足够的经验与舞台驾驭能力，毕业之后即担任综艺娱乐栏目主持人的毕业生还很少，大都需要经过一段时间的学习与锻炼。

（2）社会公开招聘或从主持人大赛中选拔。面向社会招聘的最大好处便是能够在最大范围内挖掘到自己想要的主持人，也可以使电视台囊括各行各业有志于电视传媒事业的精英，充实队伍，使荧屏的形象多样化。通过招聘考试或者主持人大赛的方式选拔，能够对选手进行全方位的考核，从不同方面考察该选手的素质与能力，保证选择的科学性与准确性。

另外，选拔主持人这一活动本身就是具有很大影响力和号召力的电视综艺娱乐活动，如2019年中央广播电视总台《主持人大赛》栏目的热播，就获得了社会的很大关注，活动本身能够造成一定的影响力，又可以达到选择主持人的目的，一石二鸟，这也是如今电视综艺娱乐栏目发展的一个新趋势。

（3）从栏目组中选拔。能够找到与栏目相得益彰的主持人是一个系统工程。主持人除了具备形象、声音、语言、控场等基本能力外，对栏目的理解和把握能力是主持人是否能够体现该栏目编导意志的最重要因素。从栏目组中选择往往会较容易解决该问题，因为主持人本身就是栏目的编创人员，目前这种选择方式在国内电视综艺娱乐栏目中非常普遍，如江苏卫视主持人孟非、湖南卫视主持人汪涵等都是原来各栏目的编导或者记者。

2."量身打造"式

对于一些有较高知名度、较高水准的主持人而言，挖掘他们身上的闪光点，利用他们的知名度与美誉度为新栏目增光添彩是众多综艺娱乐栏目在开播时吸引观众的手段之一。根据该主持人的特点，在栏目的设计与策划过程中添加与其相适应的元素，使其能够在栏目中更好地发挥主观能动性。这样既可以保有该主持人先前固有的"忠实观众"，又可以吸引新的受众，为打造具有持久影响力的栏目品牌与主持人品牌奠定基础，同时，还能吸引广告客户的广告投入。中央广播电视总台的《朗读者》、东方卫视的《金星秀》等栏目均具有"量身打造"的特点。

（三）参与栏目者的确定

栏目基本方案与内容确定后，要确定嘉宾，参加栏目的嘉宾要与该期栏目的脚本互为参照，一方面要根据脚本的需要选择嘉宾，另一方面又要根据选定的嘉宾对脚本进行细化和修改。

出现在电视综艺娱乐栏目中的嘉宾以明星居多。明星嘉宾会为栏目带来一定的收视期待与社会影响，他们在栏目中的表现直接关系到该期栏目的成功与否。因此很多栏目组都会设有专门的嘉宾负责小组，与嘉宾进行沟通与协调，及时了解嘉宾的时间安排、出场费用等要求，并与栏目组进行协调，既要保证明星的要求不至于使栏目花费超出预算，或者破坏栏目的整体要求，又要确保明星在栏目中有良好的、符合要求的表现。

除明星嘉宾外，普通嘉宾、专家嘉宾也应根据具体情况设专人与其联系与沟通，从其身上挖掘出适合栏目的闪光点。

若栏目需要现场乐队，则要让乐队提前了解栏目的大致流程与意图，准备好在栏目中需要演奏的乐曲。

（四）技术的前期准备

在技术方面，首先要做好舞美设计，设计出符合该期栏目风格和内容要求的演播室布景，并与要使用的演播室结合起来考虑。从设计理念上，因为不是大型的晚会，舞美设计的经费相对较少，因此大多数综艺娱乐栏目都没有豪华的布景，舞台设计相对简单、明快。播出一段时间后，要在原有舞台设计的基础上稍加改动，营造一种新鲜感。

另外，道具、灯光、主持人的造型设计也需要在前期准备过程中考虑。

二、栏目录制阶段

栏目录制阶段主要是现场录制,包括暖场、拍摄、导播等内容。一般综艺栏目一次会录制好几期(直播除外),根据节目时长在一天内分为两场或三场。

每场开始前,观众落座后都会有一个暖场的过程,由暖场导演与观众互动,调动观众情绪,让现场的观众进入状态。暖场时,导播应录制现场观众的反应镜头,如掌声、笑声等,以供后期制作时使用。

暖场结束,现场导演与导播协调后节目录制正式开始,导播在导播台或导播间负责切换现场传来的视音频信号,现场导演在主表演区的一侧关注监视器上的画面,摄像、灯光、音响、主持人以及演员,各个工种相互密切配合共同完成预定拍摄环节。若有失误,如主持人或演员的口误,音乐、镜头跟得不够及时,或现场导演感觉镜头不到位或气氛稍显沉闷时,会对该环节进行重拍。重拍一般由观众掌声开始,接主持人的主持词,以便与上一环节相协调。

需要指出的是,重拍是不得已而为之的流程,而不是综艺节目录制过程中的必备流程,如果各部门与工种对栏目流程与摄制环节掌握得足够熟悉,将栏目一气呵成录完是有可能的。要实现这一目标,现场导演与导播的配合十分重要,导演要控制现场的录制秩序与顺序,纠正栏目走向的偏差,及时处理临时出现的各种意想不到的问题;导播则需要在后台对摄像、灯光等做出及时的指挥调配。

一旦进入录制状态,主持人便成了栏目的中心。栏目能否顺利录制,主持人将起到很大的作用。电视综艺娱乐栏目一般用手卡或者"大字报"两种方式来提醒主持人。前者是将节目流程及其要点写在一张张小卡片上,主持人拿在手中不时浏览;后者则是将节目流程和注意事项以及现场导演临时想到的话题等用尽量大的字体写在纸上,由工作人员举着给主持人看,提示主持人如何推进节目。运用手卡的方式多见于带观众的录制现场,而举"大字报"提醒主持人的方式多用于无现场观众的电视综艺娱乐栏目。

三、后期制作阶段

后期制作阶段可以分为剪辑、包装、合成三个步骤。

剪辑包括粗剪和精剪。粗剪过程即将节目顺序与观众反应镜头及其他视频进行初步整合的过程,使栏目内容与策划文案初步吻合。按照目前的技术与设备,有的编导选择在对编机房利用对编机完成这一环节,有的编导则选择将素材直接导入非线性编辑系统进行粗编。在保持脚本基本方向的前提下，尽可能将栏目中的精彩之处予以保留，并保持栏目内容的流畅，注意控制栏目的节奏。当然，时间长度也要有所控制，要按照播出长度剪辑成一个大致合适的长度，并留出包装所需要的时间。

精剪的过程与包装过程是结合在一起的。目前，大多数编导习惯在非线性编辑系统中进行精剪，但仍有部分编导习惯在对编机房进行精剪。精剪与包装的目的在于强化栏目各种搞笑、煽情、悬念等效果，引起观众的充分注意。将事先准备好的音效、图片等资料加进片中，通过对栏目的理解配以各种字幕，并配以各种特技效果使栏目在视觉呈现上更有表现力。

栏目内容包装好后，是对栏目整体的包装，包括片头、片尾、片花的添加。最后一道工序是合成，合成时要注意各项技术指标是否合格，各种音效、音乐的音量大小等，如音量的大小应注意既要保证栏目更加热闹，更引人注意，同时又要保证不淹没现场同期声，要让观众能在放松状态下听清人声而不需要分辨。

经过上述几个后期制作阶段，一期电视综艺娱乐栏目的成片就制作完毕。在它呈现在荧屏上之前，还有一个环节就是送审。栏目只有经过上级主管部门的审查并通过后才能播出。如果未能通过，则需要根据修改意见进行修改，再次送审，通过后才能正式播出。

四、反馈与改版

一期栏目的制作结束便是下一个制作周期的开始，受众的反馈决定着该栏目的生存与发展。因此，在及时获得受众反馈后，栏目组应迅速召开策划或总结会，根据受众的反馈与意见对栏目进行整改，力求在竞争中获得最大的利益。

电视综艺娱乐栏目改版频繁是其他类型栏目所不及的。福建东南电视台在某年度的改版方案中便提出："一月一小变，一季一中变，一年一大变。"可见，在收视率与经济利益的竞争中，"改版"成了克敌制胜的法宝之一，坚持动态的改版也是众多电视综艺娱乐栏目历久弥新、长盛不衰的主要原因。

电视综艺娱乐栏目的改版主要包括以下几个方面。

（一）调整板块

根据受众的反馈，对栏目中的子栏目与板块进行分析，打造强势板块，撤换弱势板块，提升潜力板块。

1. 打造强势板块

每一个栏目都具有一个或多个强势板块，这是该栏目区别于其他栏目并在竞争中取得领先的重要手段。打造强势板块是栏目保持活力的一条重要途径。以开播20余年长盛不衰的电视综艺娱乐栏目《快乐大本营》为例，这一栏目之所以能够二十余年保持收视率居高不下，就在于该栏目在不断地接受反馈并进行改版。在众多板块中，该栏目能够做到紧扣时代脉搏，不断优化栏目板块，打造强势板块。其中，有些板块经过优化以后，能够做到常看常新，比如在2012年《快乐大本营》推出的"崩扣子""科学试验站"等板块，而在2018年，《快乐大本营》又与时俱进地推出了"不要说，唱"板块，这些强势板块的推出，不仅让这些板块深受欢迎，而且对栏目整体的品牌形象塑造也有着非常大的推动作用。

2. 撤换弱势板块

对弱势板块的理解应有两层：一是观众反应较差，收视率低；二是与栏目整体风格差异较大，无法与其他板块融为一体。在确定该板块已无继续保留的必要时，便可予以撤销，由新版块代替。

3. 提升潜力板块

介于强势与弱势板块之间的栏目板块是栏目进一步发展的增长点，对于有潜质可挖的单元应该通过细节的改造提升其影响力，从而提高栏目的整体实力。

细节最能体现前期策划的精心程度与功力。这些细节表现在环节的标识，镜头的表现，现场音效的配合，主持人的语言，嘉宾的体态，观众的神情，选手的反应等方面。如在选秀类栏目中投票决定选手去留这一细节，不同的电视综艺娱乐栏目有不同的处理方式，《星光大道》的处理方式是让选手背对大屏幕，等投票结果出来之后自己查看是否晋级；《超级女声》的做法则是由大众评委上台投票决定选手去留。无论以何种方式，在决定选手去留这一环节中，悬念都是电视综艺娱乐栏目力求表现的。因此，观众、主持人、评委乃至选手在这一环节中各自的反应与表情则成了栏目力求突出的重要细节。《超级女声》将谁即将晋级这一悬念做得十分充足，这其中充满了细节：现场观众的呐喊，评委的交头接耳，大众评委投票时的左右为难，主持人声嘶力竭的报数，选手看似淡定却充满紧张的面部表情，再配以紧张的音效，使整个环节充满了张力，令观众大呼过瘾。

（二）改进过程

1. 增加娱乐元素

《经典咏流传》是国内一档优秀的原创性电视综艺娱乐栏目，在选秀类栏目大行其道的今天，为了保持栏目稳定的收视群体与收视率，该栏目不断优化栏目构成，增加娱乐元素。在该栏目中，为了更好地传承中华民族传统文化,他们不仅邀请专家学者对诗歌加以现代化的解读,而且以诗歌为词,谱上乐曲,邀请当下在年轻人中有较高知名度的演艺明星现场演唱,以一种年轻人喜闻乐见的方式潜移默化地传递着中华民族优秀传统文化。

2. 拓展娱乐空间

随着录制与转播技术的不断完善,电视综艺娱乐栏目受制作的时间、空间限制也越来越少。许多栏目走出演播室,来到广场、校园、山间搭建舞台,这就大大拓展了电视综艺娱乐栏目的空间,不再局限于封闭的演播室,吸引了一大批观众。同时,网络、电话、短信等多种新手段也越来越多地出现在电视综艺娱乐栏目之中,例如,《开心辞典》中的"选手热线求助",这些方式都将栏目的时空变得更加宽广,能将不同空间、不同时间的受众依靠栏目连接起来。所以,通过娱乐空间的拓展,能使电视综艺娱乐栏目更具有活力。

示例 7-2 电视综艺娱乐栏目《四海美食竞神通》第 15 期文学台本欣赏

《四海美食竞神通》第 15 期

(片头:出字幕"罗顿 四海美食竞神通"广告片)

李静:过年了,我在这里给大家拜年了。

吆喝大王:(吆喝)

李静:哎呀,听这个声音,一定是北京的吆喝大王臧大爷吧。臧大爷,大年初三,您在这儿干什么呢?

臧鸿:我这不是,卖咱北京的风味小吃:豆面糕、艾窝窝、驴打滚吗?

李静:这儿,我们北京台正好有一台晚会专门说吃的。要不您上那儿吆喝吆喝?

臧鸿:那太好了。

李静:咱们一起去吧。

(切演播室)

臧鸿、唐亚东(美)吆喝表演

(主持人上场)

窦文涛:打住!打住!stop,stop!大爷您消消气,我帮您说说。

....

(出片头)

(虚拟演播室)

李静：京腔京韵自多情，那想必这一声声的吆喝已经勾起您很多的回忆了吧。尤其是越到过年的时候呢，人们就更容易回想起过去的事情。更不用说吃这个话题了，这个话题呢，是常念常新的。

……………

李静：最后，我们要送上两份大礼。

窦文涛：对，这就表示节目主题了，中西合璧。一个呢，是面食龙……

李静：二龙戏珠，我们西餐呢，是香槟瀑布……

窦文涛：表示幸福长久不断。下面，我们请出贵宾为龙点睛。

（贵宾点睛）

窦文涛、李静：祝您龙年吉祥，万事如意！

（结束）

参 考 文 献

[1] 方德葵.广播节目编辑与制作技术[M].北京：中国广播电视出版社,2005.
[2] 方德葵主编,朱伟、师雄编著.数字声频与广播播控技术[M].北京：中国广播电视出版社,2005.
[3] 胡智峰.电视节目策划学[M].2版.上海：复旦大学出版社,2016.
[4] 高鑫.电视艺术学[M].北京：北京师范大学出版社,1998.
[5] 李佐丰.电视专题片声画语言结构[M].北京：北京广播学院出版社,1999.
[6] 林少雄.纪实影片的文化历程[M].上海：上海大学出版社,2003.
[7] 迈克尔·拉毕格.纪录片创作完成手册[M].4版.何苏六,等译.北京：中国传媒大学出版社,2005.
[8] 倪祥保,邵雯艳.纪录片专题片概论[M].苏州：苏州大学出版社,2009.
[9] 任远.纪录片的理念与方法[M].北京：中国广播电视出版社,2008.
[10] 石屹.纪录片创作论[M].重庆：西南师范大学出版社,2007.
[11] 涂光晋.广播电视评论学[M].北京：新华出版社,1998.
[12] 王列.电视纪录片创作教程[M].北京：中国广播电视出版社,2005.
[13] 王辉.电视纪实节目采制概说[M].北京：北京大学出版社,2010.
[14] 吴玉玲.广播电视概论[M].北京：中国传媒大学出版社,2007.
[15] 杨伟光.电视新闻分类与界定[M].北京：中国广播电视出版社,1994.
[16] 游洁.电视文艺编导基础[M].北京：中国国际广播出版社,2009.
[17] 张凤铸,胡妙德,关玲.中国当代广播电视文艺学[M].北京：中国传媒大学出版社,2004.
[18] 张歌东.影视非线性编辑[M].北京：中国广播电视出版社,2003.
[19] 张红军,邹举.实用电视新闻采编[M].北京：中国广播电视出版社,2006.
[20] 赵玉明,王福顺.广播电视辞典[M].北京：北京广播学院出版社,1999.
[21] 周勇.电视新闻编辑教程[M].2版.北京：中国人民大学出版社,2007.
[22] 周新霞.魅力剪辑：影视剪辑思维与技巧[M].北京：中国广播电视出版社,2011.

［23］赫伯特·泽特尔.图像声音运动——实用媒体美学(第3版)[M].赵淼淼译.北京：北京广播学院出版社,2003.

［24］高鑫,高文曦.电视艺术：多元与重构[M].北京：北京师范大学出版社,2006.